U0498472

天赋发现与天赋教育丛书

如何做不焦虑的父母

王佳玫 —————————————— 著

天 赋 教 育 法

电子工业出版社
Publishing House of Electronics Industry
北京 · BEIJING

图书在版编目（CIP）数据

如何做不焦虑的父母：天赋教育法 / 王佳玫著 . —北京：电子工业出版社，2021.6

ISBN 978-7-121-40920-2

Ⅰ.①如… Ⅱ.①王… Ⅲ.①家庭教育 Ⅳ.① G78

中国版本图书馆 CIP 数据核字（2021）第 060790 号

责任编辑：刘淑丽

印　　刷：河北迅捷佳彩印刷有限公司

装　　订：河北迅捷佳彩印刷有限公司

出版发行：电子工业出版社

　　　　　北京市海淀区万寿路173信箱　　邮编100036

开　　本：720×1000　1/16　印张：13.5　字数：187千字

版　　次：2021年6月第1版

印　　次：2024年4月第4次印刷

定　　价：78.00元

凡所购买电子工业出版社图书有缺损问题，请向购买书店调换。若书店售缺，请与本社发行部联系，联系及邮购电话：（010）88254888，88258888。

质量投诉请发邮件至zlts@phei.com.cn，盗版侵权举报请发邮件至dbqq@phei.com.cn。

本书咨询联系方式：（010）88254199，sjb@phei.com.cn。

谨以此书献给我的父母

中国人有一个优良传统，即每个成熟的家庭都极为重视孩子的教育。作为父母，不一定望子成龙，但都期待孩子能够青出于蓝而胜于蓝。美好心愿，家庭梦想，如何达成？教育失败的案例常常成为网络媒体渲染的热点：某明星，代孕弃养，遭到社会的道德审判；单亲妈妈含辛茹苦抚养大的北大高材生，狠心弑母；游族网络CEO被合作伙伴毒死，而下毒者是美国公立常青藤密西根州立大学的法学海归。这些热点看似八卦，但背后是教育的失败与缺失。孩子不单单要成为精通课本知识的"小镇做题家"，还要成为心理健康、有责任担当的阳光少年。学业、特长、身体、心理哪一样不重要？孩子成长的背后是对家长的考量。

我是研究领导力的学者。领导力的研究常常采用回溯性研究路径，即对领导者的成长经历进行回顾分析，看领导者在成长过程中是哪些因素使他取得了成功？哪些因素"形塑"领导者的领导风格？哪些特质是优秀领导者所共有的？一位优秀的领导者一定是一个好的"教育产品"。特斯拉的CEO埃隆·马斯克成功了，人们试图在他妈妈梅耶·马斯克身上寻找成功之道、育儿妙方。梅耶·马斯克67岁时以一头白发的形象出现在时代广场广告牌上，72岁时推出新书《人生由我》。她的教育理念是：倡导孩子们自由选择并为之负责，家庭成员间也会彼此扶持、相互提建议。梅耶·马斯克的理念引发了我的思考：孩子的成长之路上，哪些要素更为关键？

第一，给孩子自主选择的空间。心理学家爱德华·L.德西和理查德·佛拉斯特有一本经典的著作《内在动机》，书中观点认为，满足个体自主、胜任和联结（指人际交往与支持）三种基本需求的环境条件，可以增强人们的主动性，提升人们的创造力、幸福感及绩效水平。所以，家长不可将自己的梦想强加给孩子，企图掌控孩子的一切，这样做的结果可能是缘木求鱼。家长和孩子在互动过程中，最高的艺术是让孩子感觉是他自己的选择而不是家长的强迫。能做到这一点，你的孩子就不会有青春逆反了，因为是他们自己的选择，自己如何反对自己呢？随着孩子成熟度的增加，给孩子越来越多的自主空间，孩子的主动性和创造性就会被释放出来，给你带来越来越多的惊喜。

第二，培养孩子的责任意识。领导力的第一品格就是责任心。领导者必须对下属、组织、社会有责任心，敢于担当。大企业在招聘员工时，常常设有无领导小组讨论环节。其目的就是观察在没有指定领导者的情况下，谁更有责任心，主动站出来担当讨论的组织者。责任心是做好一项工作的品质保障，受到现代社会的广泛重视。鉴于此，我们家长应从孩子参与家务、参与学校劳动着手，形塑孩子的责任意识。此外，还需要帮助孩子养成思考行为结果的习惯，包括行为的第一结果和第二结果。第二结果和第一结果常常相反。这样做，一方面，可以让孩子养成先思考结果然后再去行动的习惯；另一方面，更具价值的是培养了孩子的决策能力。能够考虑到第二结果的决策都是英明的决策。这是我在培养领导干部的时候反复强调的决策原则，但是，缺乏少年时期的习惯养成，效果欠佳。

第三，磨炼孩子接受挫折的意志力。挫折是人生经历的自然组成部分，不存在没有挫折的人生。正确应对挫折是每一个人所必备的能力之一。缺乏这方面的训练就会产生悲剧。年轻人面对挫折时的脆弱令人震惊。有的父母感慨，自己小时候虽然生活条件差，吃苦多，但什么事情都没有。现在孩子条件优越，什么都不缺，一帆风顺，反而一堆问题。问题的症结正在于此。孩子条件太优越了，失去了挫折体验，也就没有了挫折的应对能力。如何培养孩子应对挫折的能力？我们又不能人为地设计一个艰苦的环境来改变孩子对生活的认知。实际上，有两条途径可以培养孩子应对挫折的能力：一是在日常生活中，对于孩子的需求不要百分之百地满足，有意识地满足八成，让孩子习惯于生活中的不满足；二是鼓励孩子参与竞技性体育锻炼。体育锻炼不但可以提高身体素质、排解压力，更重要的是可以让孩子习惯于比赛中的失败，思考如何转败为胜，激发其在逆境中积极作为的心态与智慧。常青藤高校偏爱运动素养好的学生，其缘由就在于此。

第四，改变孩子的自我中心意识。成功的企业都以客户为中心。个体的成功同样如此，为众人谋福利的人必然成为众人的领导者。你为社会带来多大的价值，社会就会给你多大的回报。比尔·盖茨、埃隆·马斯克、任正非、马云、马化腾等之所以能够聚集巨大的财富，正是因为他们所创立的企业推动了社会的进步，为社会带来了其他人不可比拟的价值。这种服务社会、服务他人的品质是稀缺品质，因为人的本性是自私的，是以自我为中心的。假如成长过程中，父母、老师缺失了这方面的价值训导，孩子就会在成长过程中迷失方向，欠缺同理心，在追求私欲的过程中频频碰壁。因此，支持孩子参与志愿活动很有意义，能够培养孩子关爱他人、关心公共利益。爱心能够引领孩子拥有成功而多彩的人生。

教育是个大话题，也是个大难题。上述四点是我30年教育、研究的感悟和总结。看起来有些抽象，这是学者的特点，也是缺点。令人高兴的是，我的学生王佳玟，将这些抽象的理念进行了情景转化。她的新作《如何做不焦虑的父母》，针对家长所面临的"成长的烦恼"，通过大量的案例为读者娓娓道来，讲故事，解困惑。父母细品读，孩子多受益。

祁凡骅

中国人民大学国家发展与战略研究院国家治理研究中心主任

中国人民大学行政管理学系主任、教授

2021年1月于中国人民大学求是楼

上所施，下所效

我之所以能够谈谈家庭教育的心得，一是因为行动教育专注实效教育15年，不管是对企业家，还是对孩子，教育的本质是一样的，都在于人；二是身为两个孩子的父亲，儿子18岁，女儿13岁，正是让我焦头烂额的年龄，所以也有诸多的体会和感慨。

什么是"教育"？《说文解字》中"教"字的含义是：上所施，下所效。简单来说，教育的目的是使人向善，方法是以身作则。我们的一言一行，都是在给孩子做榜样。最好的教育，是父母的言传身教。

我的父亲是一个不擅言辞的人，他对我的教育说得很少、做得很多。在我创业、守业的路上，他始终伴随着我、激励着我。从他身上，我学会了勤奋、坚强、执着、厚道、奉献、责任，使得今天的我有所成就。他是我的一面镜子，用榜样的力量影响着我的一生。如今我也成为一个父亲，在教育孩子上，我秉承着一个原则：用自己做人做事的态度去影响孩子，在潜移默化中教育他们，使他们具备"利他、积极、友爱、负责"的认知和习惯，做到知行合一。我想要我的孩子成为什么样的人，首先自己就要成为什么样的人。

常常有人问我："你是怎样教育好孩子的？"

我真诚地告诉他："我什么也没做，孩子自然而然就成了现在的样子。"

对方往往感到很诧异，其实不要意外，我只是把握教育的本质：先做好自己，再来做教育。孩子对父母最大的否定，就是从小就暗暗发誓：我长大了一定不要做像我爸妈一样的人。

这是根据我个人的经历，站在父爱和父亲的角度对家庭教育领域的一点拙见。如今的中国处于高速发展期，在这样一个多元化时代，教育难度大大增强。尽管我做教育20余年，跟别人讲起来头头是道，可面对自己正在渐渐长大的两个孩子，问题也是层出不穷，所以我也还在不断修行中。

当王佳玫校长邀请我为她的新作《如何做不焦虑的父母》写序时，带着对"父亲"这一身份的敬畏，读完了这本书。她根据自己多年从事教育工作的宝贵经验，总结出发掘孩子天赋的具体方法，文字通俗易懂，案例生动形象。例如，很多父母不知道自己的孩子是否有学钢琴的天赋。这时，父母可以通过一些行为观察孩子是否具有音乐智能和自然观察智能，就能判断出孩子是否适合学钢琴。和孩子一起发现、发掘他的天赋，这一点很值得父母思考和践行。

书中的核心观点我很认同。每个孩子都是独一无二的，都有自己独特的天赋优势，教育的过程是发现并发展孩子天赋的过程。但多少年来，中国的教育都习惯于"补差"，孩子越是哪方面不足，家长就越是让孩子学什么。这固然是对毅力的一种训练，但在无形中浪费了孩子的优势潜能，而且，在这个反复地品尝艰难和失败的过程中，孩子也很难内生自信，甚至在成年后丧失了拥有深层快乐的能力。

我的儿子今年18岁，很多人认为我会把儿子培养成一个领导者或企业家，但事实上，我的儿子今年报考的专业是设计和绘画。在儿子小的时候，我没有逼迫他去学习他不感兴趣和擅长的项目，而是通过观察，发现他在绘画上有着很强的天赋和兴趣，于是我在这个方面给予他学习条件。现在的他，还是一个自信乐观、阳光快乐的少年模样。这就是作为父母最大的快乐。教育的真谛，是让孩子做最好的自己。正如著名的教育家约翰·杜威所说："教育不是把外在的东西强迫给孩子吸收，而是需要让孩子与生俱来的能力得以生长。"

不管是从我个人的成长，还是从我所接触的诸多企业家身上来看，一个人的成功往往与天赋有关。美国作家格拉德威尔曾提出著名的"1万小时定律"，平凡的人通过1万小时就能成为"大牛"，可却永远无法成为"超人"。人类的极限永远都只是由少数人创造的。比如有很多人用1万小时去练钢琴，他们之中有的人能成为专家，但能成为像郎朗、李云迪这样的"钢琴超人"的人寥寥无几。"天赋＋努力"＝"成功"，是一个十分简单的公式，可它却告诉了我们成功的基本条件。

发现天赋优势进而因材施教，比盲目求全的教育更人性、更有效。有目的的培养和盲目的教育，结果会大相径庭。

教育从来没有标准答案，更没有一劳永逸的方法。教育是一个社会问题，它关乎人类社会的未来。我们研究和学习教育的目的不应该是"生搬硬套"，而是怀着简单开放的心态，在实践、质疑、总结中摸索前进。

写到这里，我停下笔，心存感动，我感动于每位父母对于孩子的爱，以及孩子对于我们的爱。每个孩子都是一粒种子，只是花期不同。教育是农业而不是工业，需要我们因材施教用心培育，静待花开。

致敬所有像王校长一样的教育工作者。

致敬每位能尊重孩子的父母。

致敬所有如珍珠般的美好生命。

李　践

行动教育董事长

2021年春天于上海行动教育花瓣楼

自 序

写这本书，是记录也是倾诉。

之所以说是记录，是因为书中内容均源于我多年教育实践中所得的真实案例与深度思考，是我对大量家庭教育样本呈现出的共性特点的归纳梳理，书中列举的实用技巧已经被实践验证，极易上手操作。

之所以说是倾诉，是因为早在我落笔前，多年积累的感悟已在我心中"汩汩流动"；待到提笔，大量素材和满腔热情喷涌而出，每个字背后都是我对孩子满满的爱、欣赏和期待。

每个孩子都是独一无二的，儿童教育必须回归到"人"的教育；每个孩子在降生时，上天已经赐予他独一无二的天赋，教育的过程是发现和发展孩子天赋的过程，而不是主观臆断地培养他的某一种技能。这就是天赋教育。

对天赋教育理念的认同，推动着我在儿童教育之路上越走越坚定。在此过程中，我也深切地体会到身为父母的不易。所谓教育指导，不是让父母更加焦虑，而是必须能切实解决他们的焦虑。

这个基点，在于对孩子的真正了解，对教育规律的深刻把握。

多年来，让我深感幸福的成就之处也正在于此。不少家长在与我沟通后，打开了认识孩子的那扇窗，因了解而理解，因理解而坦然。他们说感觉获得了力量，重新看到了希望。

回顾自己的成长经历，我也常常感到庆幸，身为教师的父母因为懂教育，所以更懂我，他们用智慧和爱给予我最大的包容和耐心。

我酷爱阅读，父母任由我一整天一整天地浸泡在图书馆里；我特别好动，父母允许我每天去户外运动尽情释放能量。

父亲引导我阅读了大量的人物传记，带我登临名山大川，特别向我强调一定要心怀梦想，要做一个对社会有用的人，自己能够帮助的人越多，价值就越大；母亲拗不过我陪同我学钢琴，居然做到长达十几年风雨无阻，在她的"监督"下，我没请过假或迟到过一节课！

正是父母这种毫无保留、温柔且坚定的爱与信任，让我更加勇敢，一路向前！

当我自己成为一位妈妈后，女儿又给了我更深入的思考。起初，我按自己的要求和节奏，"管"了她整整6年，乖巧又温和的女儿从不"反抗"，但她用真实的状态告诉我：妈妈，我有自己成长的节奏。

彼时，父母"言传身教"所赋予我做智慧父母的潜意识被唤醒，我开始认真思考：我的焦虑是来自对孩子的不满，还是来自对自己不可掌控她而产生的愤怒？在理论学习与教育实践的双重收获中，我开始逐步回归亲子关系的本质，像我父母曾经尊重我的个性那样，学习欣赏女儿的与众不同（也许在某种意义上只是与我不同）。

我学会了仰望属于孩子的天赋优势，学会了依据孩子的特质潜能顺势而为。心态改变、目光改变、标准改变，结果自然而然也改变了。母女曾经的针锋相对变成如今的携手同行，女儿在自己擅长的领域绽放光彩，又因自驱力不断改善和提升。而我需要做的，则是静静享受这份最美好的亲子时光。

今天，我把自己在家庭教育中的感受，以及在教育实践中观察和思考的成果，结合目前常见的教育问题记录整理出来，献给更多心怀困惑乃至迷茫不安的父母。为了让更多的父母不再焦虑，更为让更多的孩子回归自我，释放潜能，成为最好的自己。

但我特别想强调的是，这本书并不只是一本解决问题的效率手册，它首先是一种教育理念的传递：任何一种教育方法的有效性，都基于对孩子的爱与信任，失去了这个前提，就会让所有的管教与沟通充满"约束"和"评判"的压抑感。

在阅读本书的过程中，大家会看到不少陌生的名词及各种专业术语，请别紧张，我会用具体的案例和通俗的语言进行阐述，教你如何以更科学的方式去理解孩子行为背后的深层原因，以及如何用更科学的方式去对待孩子，成为孩子真正的引路人和支持者。

受能力所限，本书中难免有疏漏之处，请读者朋友不吝赐教。我坚信这本书的出版是天赋教育之路的开始，接下来还有无限精彩，静待我们去探寻。

王佳玫

2020年12月

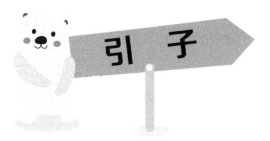

父母的爱与孩子的心

——别给孩子选择最难的路

我人生中的第一次"投降"

如果不是亲身经历，我永远也不会想到，自己人生中的第一次"投降"是对女儿悠悠。而且尽管期间几经抗争，最后却"投降"得很彻底。

我从小学习钢琴，坚持了十几年，深受其益。所以自从有了女儿，我就梦想能让她也踏上学钢琴之路。悠悠自4岁8个月起，我带她开始进行钢琴启蒙。让我高兴的是从一开始悠悠就很喜欢钢琴，很快她一周便能弹奏七八个曲子，而且错音少、节奏准，整个入门期既顺利又愉快。

但"蜜月期"过后悠悠竟开始抗拒钢琴学习，先是不能完成每天50分钟的练琴量，后来发展到只有我在家时她才会练琴。当时工作压力越来越大的我也因此总控制不住地吼她。好多次，小小的悠悠用充满乞求的目光看着我，可做妈妈的狠起来真是非常可怕，那时我认为一切都不是障碍，所有的困难都可以用我的意志力，用我的方法和努力帮她克服。

但事实证明我的努力完全无效，我为此和孩子冲突不断，最严重的一次甚至气到摔门而出，泪流满面。那时我深刻地认识到，无论自己多要强也帮不了孩子，因为钢琴永远要孩子自己弹。

忍耐了整整一年之后，不甘服输的我再次劝服悠悠重新捡起钢琴课，而为了激发她的兴趣，我前前后后给她换了四位老师，男女老少全都试过。期间也有一位老师悠悠很喜欢，可没多久我就发现，好老师能够激发她的学习兴趣，但仍不能让她愿意练习。

这样又陆陆续续学了一年后，悠悠8岁了，此时我才终于能冷静地去探究孩子前后转折如此剧烈的原因。经过仔细观察我发现，悠悠的听觉能力很好，也喜欢音乐和舞蹈。她能欣赏到音乐旋律的美感，也因此牵动了她对钢琴最初的热爱。但是她的肌肉耐力不好，非常容易累，所以随着后来学习难度的提升，以及练习时长的增加，她逐渐难以坚持。

但作为妈妈的我当时并没有发现这一深层次的原因，而且我和她恰恰相反，精力特别充沛，孩子的累在我看来就是懒——这是我绝对不能接受的。

经过这次反思，我的多年心结瞬间打开，也彻底放弃了女儿的钢琴课，这一次，不再有任何不甘和犹豫。

自此之后，我家一派祥和。我们专注于充分发挥悠悠的听觉优势，虽然放弃了钢琴，但选择继续学习唱歌。悠悠果然乐在其中，而且表现优异，常常参加演出，甚至有机会走上中央电视台的舞台展现自我，这给了她非常大的自信。现在，每每看着开朗阳光的女儿，我都深深地庆幸曾经的"放过"，既是放过了孩子，也是放过了自己。

"焦虑的父母"+"压抑的孩子"="两败俱伤的教育"

凡是为人父母者，很少有不焦虑的，而且不仅中国如此，全球都是这种情况。就连在我们看来不太注重课业的欧美也开始流行课外辅导。美国劳工统计局2017年曾对中小学生课后补习情况做过一次统计，发现课后补习班在美国也已悄然兴起。更有甚者，还有美国学生趁暑期跟着中国留学生一起来中国，专门参加SAT（被称为美国高考）补习。在英国，课外辅导也成为越来越多家庭的必选项。

有人说，这种焦虑是畸形的。但谁又能否认，父母的焦虑之中包含的对孩子满满的爱。毕竟孩子的起跑线是父母，在孩子的起步期，到底该从哪里起跑，怎么跑，以及跑向哪里，全有赖于父母的眼光和把握。

但是，焦虑的父母总是"制造"压抑的孩子，二者冲突不断，大多两败俱伤。我们的教育一直以来秉承着"补差"的原则，孩子越是哪方面弱，家长越是努力补什么。我们相信勤能补拙，相信"只要功夫深，铁杵磨成针"，常常被许多克服弱点最终成功的励志故事鼓舞得热血沸腾。可以说，大多数人往往用穷尽一生的时间来改善自身劣势，却很少关注自身优势。

但实际上，这是给孩子选择了一条最难走的路。

我曾接触过一位妈妈，明明知道孩子乐感不好，依然坚持让孩子学钢琴，理由是为了锻炼孩子的毅力。可锻炼毅力有很多方式，如果孩子的体能好，可以选择游泳、爬山；如果孩子的数理逻辑好，可以选择棋类、编程……为什么偏偏要选择孩子最不具优势的那一种？

一味地"补差"，从孩子的劣势出发，父母在痛苦的督促中陷入崩溃状态，孩子也学得艰难无比，这也极易影响孩子内生自信的构建。

爱因斯坦有言："每个人都是天才，但如果你用爬树的能力来断定一条鱼有多少才干，它整个人生都会相信自己愚蠢不堪。"

自信对孩子发展的重要性不言而喻，现实中很多孩子的自信来自外界的评价，如老师的表扬、优秀的成绩等。可一旦这些外在评价改变或消失时，孩子的自信就会随之消失。与此不同，真正内生的自信是从内心确认"我能行"，这样的孩子无论未来碰到什么样的困难和挑战，都有勇气去征服，也更有信心拓展自己的能力边界。

那么，孩子如何才能产生内生的自信呢？最有效的方法就是让他不断地通过努力获得成就感。成就感持续叠加，积累深厚之后，一点点小挫折便再也不能动摇孩子的信心。

而让孩子获得成就感的最好方法就是选择从他最擅长的领域切入，在孩子的教育前期，这一点尤为重要。

从孩子的天赋出发，帮助他成为最好的自己

这并非仅仅是经验之谈，而是有科学理论为其支撑的。著名教育心理学家、哈佛大学教授霍华德·加德纳（Howard Gardner）在临床研究脑部受伤的患者时，发现他们在学习能力上存在差异，从而发现大脑不同区域和不同学习能力之间的关联，并于1983年提出"多元智能理论"。

简单来说，大脑的前额叶区掌管一个人的精神功能，后额叶区掌管思维功能，二者共同主导一个人的行为及处事风格；顶叶区掌管体觉功能，颞叶区掌管听觉功能，枕叶区掌管视觉功能。每个区域位于左脑和右脑的部分又分别对应不同的细分能力。每个人在发育过程中，大脑的各个区块都会各有强弱。多元智能脑图如图0-1所示。

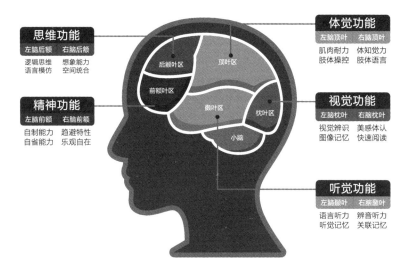

图0-1　多元智能脑图

正如《最强大脑》领队、华南师范大学教授攸佳宁所说："每个孩子的'好'是不一样的，一个孩子每种能力上的'好'也是不一样的。"有的孩子总爱问十万个"为什么"，有的孩子如永动机一样精力旺盛，有的孩子追求完美到甚至有些苛求……孩子的表现千差万别，但从每个孩子身上都能找到属于他的优势，这是上天赋予他的才智。

当然，每个孩子的多元智能组合不同，父母不能刻板地对孩子的表现做单一解读，而需综合判断。同时，孩子的先天特质固然重要，但家庭教育的影响则更为深远。**所以最适合孩子的教育，应该是天赋教育。我们应尊重孩子的特质，从其天赋优势出发，挖掘其最大潜能，顺强补弱。**

古人云，父母之爱子，则为之计深远。父母只有真正了解孩子，清楚孩子的优劣势，才能匹配孩子的特质，帮助孩子做好教育规划。

凡事预则立，不预则废。教育的核心就是规划。父母为孩子选对方向，事半功倍，而且由于清楚孩子的优势，会引领孩子走得更加坚定。要知道，孩子在学习过程中一定会碰到大大小小的瓶颈期，有的孩子在某些阶段甚至会"无比坚定"地表示不想学了。如果父母为孩子规划的成长方向明确，此时就知道瓶颈期该如何陪伴和帮助孩子，如何助推他坚持下去并更上一层楼；若相反，父母在碰到挫折时可能会犹豫，或者中途调换方向，造成时间和精力的浪费。

当父母真正了解孩子时，在方方面面都能做到"因材施教"，亲子关系自然也会更好。而且在父母对孩子的能力已经心中有数的情况下，既有明确的目标也有实操步骤，这样还可以大大减少自己的焦虑感。

每个孩子的最大成功，都是用自己的方式度过一生，但每个父母的最大成功，则是帮助孩子找到真正的自己，成为更好的自己。

目 录

第4章 说给父母的话

——教育孩子，父母这样配合最有效

第 1 章

为什么你的孩子只有兴趣，没有特长

——父母找对孩子天赋的11个方法

给孩子报兴趣班，如今已经成为很多新一代父母的"头等大事"，为了不让孩子输在起跑线上，父母会充分运用孩子的课余时间为孩子报不同种类的兴趣班。但最后父母却发现"报了很多兴趣班，孩子只有兴趣，没有特长"。这是因为父母在为孩子选择兴趣班时，没有以孩子的天赋为前提，或者忽略了刻意训练的重要性。父母要在科学识才的基础上，遵循"特长成就公式"，为孩子选择合适的兴趣班，方能真正帮助到孩子。

特长不是试出来的

"两耳不闻窗外事，一心只读圣贤书"的时代早已远去，如今的父母从孩子幼时起就为孩子报各种兴趣班，希望孩子能够拥有自己的特长，未来成为一个拥有更多可能性的优秀人才。

一、特长是孩子的宝贵财富

孩子有无特长，在十年甚至三五年之后会呈现出明显的区别。

有特长的孩子，自信而有魅力。有特长的孩子凭借特殊才能，从小就拥有更多的机会表现自己。久而久之，他们习惯了接受挑战，也享受被瞩目，并因此变得越来越自信。这种自信会延伸到他们学习和生活的方方面面，为其塑造出独特的气质。

有特长的孩子，勤奋且不轻言放弃。无论哪方面的特长，都需要长期的刻苦训练，这将考验孩子平衡学业与特长训练时间的规划能力，以及孩子面对特长训练压力时的毅力。能处理好这两项的孩子通常更具有勤奋高效、迎难而上的品质，他们的成绩自然也不会差。

有特长的孩子，可以享受到深层快乐。在生活中，许多父母选择用零食、玩具哄孩子开心，这样的孩子长大后很难感受到深层的快乐，因为当物质生活已经不能给他们带来喜悦时，他们会感到空虚。只有当孩子经过长期努力、克服困难，最终取得成就时，他们才会感受到深层快乐，这是一种从内心生发的，极为深刻的幸福感。努力学习一门特长的过程恰恰可以让孩子体会到这种深层快乐。

所以，如果一个孩子从小就能确立并形成自己的特长，那么这门特长将是他一生的宝贵财富。

二、"特长"="天赋"×"刻意训练"

如今新一代的父母大多受过高等教育，意识到了特长的重要性和意义，但他们却走入另外一个误区——从孩子上幼儿园起便给孩子报各种课外兴趣班。随着孩子年龄的增长，课外兴趣班越报越多，有的父母甚至会给一个孩子报十几个兴趣班。

这种现象的出现是因为父母不知道孩子应该学什么，大多抱着"多尝试总没坏处，试了才知道孩子适合学什么"的想法。

但特长真的是试出来的吗？有多少孩子喊着喜欢钢琴，却在父母满足自己后只学了几个月就坚决不肯再学；有多少孩子今天说喜欢篮球，明天又说喜欢滑冰，让父母感叹"没常性"；又有多少孩子报了许多兴趣班，最终却一无所长……这都证明随意的"试"难有所成。

所谓"知其然要先知其所以然"，我们要知道如何帮孩子选兴趣班，首先要知道"特长"是怎么炼成的，通常情况下"特长"可以用一个公式来诠释，如图1-1所示。

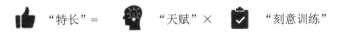

图1-1 "特长"公式

正如多元智能理论[1]所揭示，每个人都拥有不同的智能组合优势，换言之，每个孩子在出生时上帝已经赐给他独一无二的天赋。从这个突出的天赋入手学习技能和知识，才更容易让孩子取得成就，更有利于建立孩子的自信。

但即使孩子拥有再好的天赋，也需要良好的学习习惯，以及长年累月的刻意训练。比如奥地利古典主义作曲家莫扎特，即便他的钢琴造诣有其无与伦比的天赋为基础，也离不开长期大量的刻意训练；中国男乒史上第3位大满贯选手张继科从5岁开始，便接受每天必须打1800个球的魔鬼训练；法国著名波兰裔科学家、物理学家、化学家居里夫人历经3年9个月，尝试300余次才提炼出0.1克镭……

特长也需要长期的学习，可是许多父母并没有意识到"学习"应该分为"学"和"习"两部分——**"学"是了解知识点，"习"是转化技能**。换句话说，"学"是知道，"习"是做到。把两者的关系依据时间换算，学科类课程"学"和"习"的时间比至少要做到1：3，艺术类课程则要做到1：5。课堂上孩子听课只是了解到了知识点，并不代表已经学会。比如学钢琴，孩子完成了一节45分钟的课，回到家要用5个45分钟进行练习。如果没有练习的过程，即便有再好的天赋，再好的名师教导，也无法结出硕果。

所以特长不是试出来的，孩子的兴趣班要少选、精选。那些令人羡慕的品学兼优的孩子往往也只是一两项非常突出，并不是样样精通至全面达到特长水平。

父母若给孩子报太多的课外班，有时不但不能把特长试出来，反而会

---

1. 多元智能理论：由美国哈佛大学教育研究院的心理发展学家霍华德·加德纳(Howard Gardner)在1983年提出。传统上，学校一直只强调学生在逻辑—数学和语文（主要是读和写）两方面的发展。但这并不是人类智能的全部，不同的人会有不同的智能组合。

产生很多"副作用"。

第一个"副作用"是过犹不及。

青少年儿童的教育有两个最核心的目的：一个是建立孩子内生的自信，使孩子一生勇于突破；另一个是保持孩子的探索欲和求知欲，这是孩子未来学习的原动力和自驱力。如果孩子在刚刚踏入学习的大门时就被巨大的压力"吓到"，那么他可能会对学习产生抵触心理，失去学习的热情。

第二个"副作用"是产生认知偏差，不自信，畏惧挑战。

每个孩子都不是十项全能，若父母为孩子选择过多的兴趣班，一旦孩子遇到不合适的课程，不仅不能体验到成就感，还会反复感受挫败，从小在心里埋下"我比别人差"，或者"我不行"的种子，影响在其他课程上的表现。

由此可见，兴趣班的选择是父母培养孩子特长的一步重要之棋，只有合理且准确地为孩子选择合适的兴趣班，才可能达到预期的效果。

三、选择兴趣班的"3+2"模式

父母帮孩子选择兴趣班时可以**遵循"3+2"模式，即一个孩子在语文、数学、英语三门主课之外，兴趣班最好不要超过两门，这样才能形成真正的特长优势。**

父母不妨算一笔"时间"账：孩子放学回到家直到晚上睡觉前，除了吃饭、做作业这类"必选项"，剩下能用于特长练习的时间每天一般不会超过1个小时。按照"学"与"习"最低时间比1：3计算，如果将1个小时的练习时间全部聚焦在某一门兴趣科目上，那么这一门兴趣科目一周可以练习的时间最长为5个小时（周末另计）。若孩子的这1个小时还要拆分给多个兴趣科目，必然会导致每门兴趣科目练习时间不足，无法形成特长。

所以父母在为孩子选择兴趣班时既要控制数量，即遵循"3+2"模式，又要注重质量，即选择更精准。要做到精准选择，便要遵循这项教育原则：**从孩子的天赋出发，因材优选，因材施教**。

关于父母该为孩子选择什么样的兴趣班，在接下来的章节里，我会对目前常见的兴趣班逐一分析，帮助父母判断孩子的特长，并实现有目标、有计划地做选择。

天赋小随堂

特长认知

1. 特长是孩子的宝贵财富

有特长的孩子，自信而有魅力，勤奋且不轻言放弃，可以享受到深层快乐。

2. "特长" = "天赋" × "刻意训练"

在孩子拥有天赋的基础上，还需要孩子良好的学习习惯，以及长年累月的刻意训练才能为其形成特长。

3. 选择兴趣班的"3+2"模式

父母帮孩子选择兴趣班可以遵循"3+2"模式，即一个孩子在语文、数学、英语三门主课之外，兴趣班最好不要超过两门，这样才能保证学习效果。

要不要让孩子学钢琴，这几点你考虑了吗

近年来，学钢琴几乎成为中国城市孩子的标配。2016年，中国音乐家协会曾透露中国至少有3000多万孩子在学钢琴，这个数字大约是音乐之国——奥地利[1]总人口的4倍。

8岁的子扬就是"学钢琴大军"中的一员。子扬妈妈采取"缺什么，补什么"的兴趣班选择方法，子扬性格内向，就报一门演讲班；数学较弱，再报一门思维班。最令人难以理解的是有一次妈妈给子扬报了舞蹈班，只因为孩子不爱动。

不管是否出于自愿，子扬对妈妈报的兴趣班都十分配合，因此母子之间关系亲密，少有冲突，但这份和睦在妈妈搬回一架钢琴时被击碎。学钢琴4周之后，子扬罕见地"罢工"了。倍感吃惊的妈妈颇有耐力地对子扬展开长达半年的说服工作，但子扬始终不为所动。妈妈发现实在无法说服子扬后，开始亲自学习钢琴，希望给子扬树立榜样。没想到3个月后妈妈不好意思地说："学钢琴是挺烦的。"

无论是乖巧的孩子还是有毅力的妈妈，最终都对钢琴举起了"白旗"。学钢琴为何如此困难？为什么有的孩子可以顺利地学习钢琴，而有

---

1. 奥地利共和国：The Republic of Austria，简称"奥地利"（Austria），是一个位于欧洲中部的议会制共和制国家，2019 年 1 月 1 日统计奥地利总人口约 886 万人。

的孩子却学不好呢？在回答这些问题之前，我们首先要了解以下几点。

一、学钢琴考验孩子的音乐智能和自然观察智能

孩子在弹钢琴时需用手指弹琴键，用眼睛看琴谱，用嘴巴唱旋律，用耳朵判断音准。孩子参加钢琴考级[1]或者比赛时，还要用大脑背谱，有需要时还得用脚踩踏板。在弹钢琴的过程中，孩子要调动听觉、视觉、肢体协调、逻辑、想象力等多方面能力，整个过程并不简单，其中尤以听觉和视觉最不可或缺。

从多元智能理论的角度看即意味着孩子在学习钢琴时，最为考验的是音乐智能和自然观察智能。

音乐智能指能掌握音乐最核心的元素，即感受、辨别、记忆、表达音乐的能力，突出特征为对环境中的非语言声音，包括韵律和曲调、节奏、音高音质的敏感度，主要影响孩子对音乐的感知能力和喜爱程度。

自然观察智能指观察自然的各种形态，对物体进行辨认和分类的能力，以及对图像的记忆力，也就是"看"的能力，包括"看"的质量和效率。

二、关于孩子学钢琴，父母须知的三件事

孩子学钢琴在父母看来是一件简单的事，只需要为孩子报钢琴兴趣班并督促孩子坚持练习即可。但是对孩子来说，学钢琴是一个不小的挑战，这将考验他们的多方面智能。因此父母在为孩子报钢琴兴趣班之前，应该认真考虑、仔细斟酌，先了解以下三件事。

第一件事：学钢琴需要一定的视觉能力。钢琴虽然是音乐相关课程，但想要学好它必须具备一定的视觉能力。

---

1. 钢琴考级：钢琴考级分业余钢琴考级和专业钢琴考级，业余钢琴考级又分为两种，一种是古典钢琴，另一种是即兴钢琴。古典钢琴共有十级，不用一级一级考，可以跳级。参加即兴钢琴考级前必须通过古典钢琴十级。参加专业钢琴考级须就读音乐学院，专业钢琴考级共有三级。

钢琴的学习之所以需要视觉能力，是因为学钢琴必须看琴谱、记琴键。在琴谱中，形状相同的音符在不同的位置上，就成了不同的音，初学者看琴谱时会觉得音符就像一个个小蝌蚪一般难以辨认。此外，钢琴琴键并不像电脑键盘一样有可供区分的符号，钢琴上88个琴键极其相似，如果无法准确辨认琴谱、琴键并熟练记忆，孩子便无法正确演奏。

如果孩子的视觉能力较弱，在钢琴学习的第一步"看琴谱"环节就会遇到困难。

第二件事：音乐是听觉的艺术。学钢琴最考验孩子的辨音听力，也就是对音律的辨别能力。

在钢琴学习与演奏中，孩子要做到"五听"，如图1-2所示。

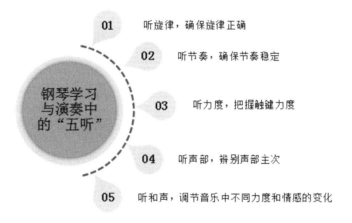

图1-2 钢琴学习和演奏中的"五听"

除了"五听"外，孩子还要听技术、听情感、听谱并记忆，所以学钢琴十分考验孩子的辨音听力，其他乐器亦然。如果孩子对声音没有足够的敏感度，就会在学习乐器的过程中倍感痛苦。比如初学小提琴的孩子演奏的声音如同锯木头一般刺耳，便是因为孩子辨音听力不强，音准不过关。

有的父母认为只要勤学苦练，加强技巧练习就可以解决这个问题，实则不然。正如世界著名小提琴家、教育家卡尔·弗莱什所说："导致音准不准的主要原因是听觉上的缺陷，而不是动作上的缺陷。"

钢琴兴趣班通常每周只上一节课，余下时间孩子均在家中自行练习。有的孩子辨音听力太弱，自己弹奏的音不准也无法辨别，自行练习一周后反而固化了错误的声音，更加难以纠正，甚至老师在下次课进行纠正后容易造成孩子的听觉混乱，在后续的学习中孩子只会一片茫然。在这样的情况下，孩子如何能体会到学钢琴的乐趣与成就感？更何谈坚持？

即便孩子勉强学成，也通常会走向"学会一个技术，恨死一门艺术"的结果。"孩子考过钢琴十级后决定一辈子不碰钢琴"的故事不止发生过一次，虽然这并非父母的本意，但勉强孩子学钢琴通常总会导致这样的结果。

第三件事：孩子学钢琴离不开父母的监督和陪伴。如果孩子的辨音听力和视觉能力都比较强，具有学习钢琴的潜能和客观条件，那么孩子能否学好钢琴的决定性因素就不再是自身，而是父母。

"不积跬步，无以至千里；不积小流，无以成江海"，学钢琴是一个循序渐进的过程，需要孩子日复一日、坚持不懈地枯燥练习方能进步，这个过程至少需要五年。俗话说："不怕慢就怕断，一断回到解放前。"学钢琴也是同样的道理，学习一旦中断就得从头开始。

但是钢琴学习十分枯燥，甚至"反人性"。年龄小的孩子在学习钢琴时很难完全自控，部分天性活泼的孩子耐性更差，他们在钢琴的学习过程中需要父母的监督和陪伴，所以学钢琴也是一个磨炼父母心性的艰苦过程。至少在孩子学习钢琴的前两年，父母必须监督、陪伴孩子，两年后才能根据情况决定是否给予孩子主动权。在钢琴上能够小有所成的孩子，无不受益于父母的律人、律己。

钢琴作为乐器之王可以表达丰沛的情感，可以成为人们获取深层快乐和幸福感的源泉，孩子在学习钢琴的过程中不仅能陶冶情操，还能充分调动多项智能，促进大脑的发育。然而令人遗憾的是，并不是所有孩子都适合学习钢琴，因此父母在为孩子报钢琴兴趣班时，也应充分考虑孩子的实际情况。

三、如何判断孩子是否适合学钢琴

建议父母在为孩子报钢琴兴趣班前仔细考虑以下三个问题，并通过这三个问题判断孩子是否适合学钢琴。

第一个问题：孩子的自然观察智能，尤其是图像辨识能力如何？

孩子图像辨识能力强会对图像敏感，天生更细心，注重细节，识字量大，字迹工整，还有的孩子会体现出喜爱绘画的特点。

第二个问题：孩子的音乐智能，尤其是辨音听力如何？

辨音听力强的孩子通常天然爱音乐，音准好，一般体现为唱歌音调准，学歌快及对音乐记忆力强。

第三个问题：父母能否做到长期陪伴监督？

父母长期陪伴监督孩子需要自身自律性强，注重规划且执行力强。

如果以上三个问题的答案都是否定的，那么建议孩子不要轻易开始学习钢琴。如果孩子只是音乐智能稍弱，自然观察智能较强，父母也能做到长期监督陪伴，那么父母便可以为孩子选择钢琴学习，但同时也一定要保证足够的练习量。

如果孩子在开始学习钢琴一段时间后不喜爱也不排斥，而父母对孩子学习钢琴的期望也仅为陶冶情操，提升音乐素养等，那么可以要求孩子坚持继续学习，但父母需要调整预期值，避免因一味与他人攀比进度、学习效果而挫伤孩子的学习积极性。

天赋小随堂

你的孩子适合学习钢琴吗？			
多元智能	特征	是	否
自然观察智能	孩子对图像是否敏感？		
	孩子是否细心，注重细节？		
	孩子是否喜欢玩"找不同"的游戏？		
音乐智能	孩子是否天然喜爱音乐？		
	孩子的音准是否准确？		
	孩子是否学歌快且音乐记忆力强？		

针对以上6个特征，请父母仔细观察孩子，并根据孩子的表现在"测试表"的"是"或"否"栏内画"√"。

如果你的孩子符合4个以上的特征，那么你可以为孩子选择钢琴、小提琴、古筝等乐器类兴趣班。

孩子学唱歌，独唱合唱怎么选

法国作家雨果曾说："开启人类智慧宝库有三把钥匙：一把是数字，一把是字母，一把是音符。"为了拥有第三把音符钥匙，梓萌的妈妈从她六岁起就为她报了声乐班。梓萌音色好、音准强，最为重要的是，她年龄小却能理解歌曲中蕴含的情感，并饱含感情地歌唱出来。老师认为梓萌有学习歌唱的天赋，对其十分看重。

不过，两年以来，梓萌一直在学习合唱，梓萌的妈妈对此感到些许遗憾。她认为梓萌十分优秀，却和一群人站在一起共同演唱，有埋没才华之嫌。于是，妈妈同梓萌商量，希望她改学独唱。出乎意料的是，梓萌对这一提议表示拒绝。妈妈对此大为不解，独唱合唱都是演唱，独唱还能够更好地展现自己，梓萌为什么坚持学习合唱呢？

梓萌妈妈之所以有这样的疑惑，是因为她和大多数家长一样，认为合唱对歌唱水平的要求低，唱歌水平高的孩子就应该独唱。事实上，这是一个误区，合唱与独唱大有不同，但区别不在于演唱技法，而在于从多元智能的角度看，合唱与独唱对孩子的人际智能和音乐智能有不同的要求。

一、人际智能高的孩子适合合唱

合唱与独唱最大的区别在于，合唱是多人唱，而独唱是一人唱。独唱要求唱得像自己，合唱要求唱得像别人。换言之，独唱要求创造力，合唱则要求孩子喜爱社交，自律能力强，可以与他人很好的配合。

由此可见，从多元智能的角度看，独唱与合唱的区别并不在于歌唱能力不同，而是在于对人际智能的要求不同。**人际智能表现为个人能觉察体验他人的情绪情感，并做出适当的反应，主要影响孩子与他人交往的意愿度和融洽程度**。

梓萌之所以更喜欢合唱而非独唱，正是由于她的人际智能较强。合唱是一种集体演唱多声部声乐作品的艺术门类。要求单一声部音的高度统一，声部之间旋律的和谐。每位演唱者都是合唱团的一部分，这要求演唱者既要与同一声部的团体保持一致，又要与不同声部做好配合及协调。

所以将合唱唱好的前提是孩子能够服从集体，不标新立异、特立独行。而且出于长期练习的需要，孩子也必须能享受集体配合的感觉，自身也要喜爱交际，这一点在人际智能中的体现为**乐观自在**。乐观自在的孩子开朗活泼，天性合群，喜爱社交且愿意配合集体。

反观独唱，它对于人际智能的要求截然不同。独唱更凸显演唱者的个人风格，要求演唱者有一定的突破能力，敢于打破常规。学习独唱的孩子应该具备强烈的自信心，不轻易随波逐流。同时，独唱是独立完成的歌唱方式，所以孩子在练习时必须极为专注。

除此之外，独唱对演唱者个人能力的要求更高。首先，独唱的训练强度更高，需承受的压力更大，所以对孩子的体能要求更强。其次，独唱对舞台表现能力的要求也远高于合唱，那些善于运用肢体语言，眼神灵动的孩子，更能抓住观众的注意力，并带动观众沉浸于音乐氛围。合唱与独唱对人际智能的不同要求，如图1-3所示。

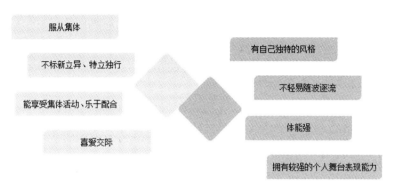

图1-3 合唱与独唱对人际智能的不同要求

二、合唱对音乐智能中的音准要求更高

正如前文所说，**音乐智能代表孩子对韵律和节奏等的敏感度和掌控能力，会直接影响孩子对音乐的感知能力和喜爱程度。无论是独唱还是合唱，都要求孩子具备较强的音乐智能。**

乐感是音乐智能的重要组成部分。每首歌曲都包含着特有的情感，它们是音乐的灵魂。乐感强的孩子能敏锐地捕捉到歌曲中的欢快感、忧伤感，并将其呈现出来。这类孩子一听到音乐旋律，就会变得非常专注，他们和音乐能很好的交流，能被音乐打动，非常适合歌唱。

音乐智能中的辨音听力的重要性不需要再赘述。天生辨音听力强，对音准把握精确的孩子，在唱歌方面具有先天优势。不过，合唱对音准的要求比独唱更高，因为，合唱是多人一起演唱，各自音部不同，如果孩子的音准不佳，合唱时很容易受其他人影响。

无论是合唱还是独唱，登台表演的经历都会赋予孩子自信与勇气，音乐是一种重要的情感表达方式，有些音乐甚至有治愈的力量，学会欣赏音乐的确能让孩子一生受益。但父母在为喜欢唱歌的孩子报声乐兴趣班时，首要仍应考虑孩子更适合选择合唱还是独唱。

三、父母如何为孩子选择声乐兴趣班

父母在为孩子报声乐兴趣班之前，应该思考以下两个问题。

第一个问题：孩子的人际智能如何？

选择独唱或合唱取决于孩子的人际智能能力，人际智能高的孩子，因善于交际，天性乐观自在，所以更适合学习合唱，既可以是大合唱，也可以是如同阿卡贝拉[1]的小组表演形式。而善于打破常规，更能专注于自身的孩子则适合学习独唱。

独唱的训练量通常更大，需要投入更多时间。如果孩子喜欢唱歌和表演但时间和精力有限，那么让孩子参加既能感受音乐的美好又能享受登台乐趣的合唱团，不失为一种好的选择。

第二个问题：孩子的音乐智能如何？

乐感强的孩子从内心就欣赏音乐，常沉浸其中，自己演唱时也充满情感，这样的孩子适合学习声乐类项目。除乐感外，音乐智能中的音准也需作为考量标准。音准相对较强的孩子不易被他人影响，更适合学习合唱，音准相对较弱的孩子应首先考虑学习独唱。

与更依赖天赋的乐器类项目不同，声乐类项目可以作为兴趣进行阶段性学习，所以即便孩子音乐智能较弱，也可考虑学习声乐类项目作为业余爱好。

如果孩子的音乐智能强，具有先天优势，并且父母希望将声乐作为特长培养时，孩子是否能取得好成绩就取决于他的训练量。正所谓"台上一分钟，台下十年功"，舞台上的精彩表演离不开台下的苦练，看似轻松的声乐也是如此。

---

1. 阿卡贝拉：Acappella，即无伴奏合唱，其起源可追溯至中世纪的教会音乐，当时的教会音乐只以人声清唱，并不应用乐器。

天 赋 小 随 堂

多元智能	特征	是	否
	你的孩子适合学习合唱吗?		
音乐智能	孩子的音准是否准确?		
	孩子学歌速度是否快?		
	孩子是否天然喜爱音乐?		
人际智能	孩子是否服从集体?		
	孩子是否天性乐观?		
	孩子是否喜爱交际，享受集体生活?		

针对以上6个特征，请父母仔细观察孩子，并根据孩子的表现在"测试表"的"是"或"否"栏内画"√"。

如果你的孩子在音乐智能方面基本符合两个以上特征，那么你可以为孩子选择声乐作为特长方向。

其中，如果孩子同时在人际智能方面基本符合两个以上特征，则孩子适合选择合唱，反之可以选择独唱。

什么样的孩子适合学舞蹈

人人都说兴趣是最好的老师，孩子通常都能将自己感兴趣的事情做好，但是6岁的莎莎并非如此。莎莎从小就喜欢音乐和舞蹈，在她的央求下妈妈为她报了舞蹈兴趣班。学习舞蹈的两年来，莎莎十分认真努力，无论是上课还是课后练习都能自觉主动、按质按量完成，比起其他"三天打鱼，两天晒网"的孩子，她让父母感到十分省心。

但是令妈妈感到困扰的是，即使莎莎如此认真地学习舞蹈，她掌握舞蹈动作的速度却总比同学慢，姿态也并不优美。莎莎即将迎来舞蹈考级[1]，妈妈为了帮助她顺利通过考级，不仅监督她按照老师的视频练习舞蹈动作，甚至亲身讲解示范，但是效果并不理想，这让妈妈深受打击。

从小陪伴莎莎的姥姥曾认为莎莎并不适合学习舞蹈，妈妈却在当时反驳姥姥道："爱因斯坦四五岁时还没学会讲话呢，莎莎坚持一下也许能出现转机。"可如今看到莎莎学习舞蹈的效果始终不佳后，妈妈也有些动摇：这样的煎熬到底是否值得？

---

1. 舞蹈考级：一般指中国舞考级，共分13级，其中第1~10级为普及型课程，供4~13岁的幼儿、儿童和少年学习。第11~13级为半专业型课程，供14岁以上的青少年学习。

一、学习舞蹈，离不开音乐智能和运动智能

学习舞蹈对于孩子的确有许多益处，可使其形体优美、气质出众且肢体柔韧灵活。由于登台表演需要较好的体力支撑，因此学习舞蹈也可以锻炼体能。除此之外，长期刻苦训练及演出压力也会磨炼孩子的意志力，并且为孩子带来成就感。

舞蹈在艺术类课程里是较特别的，虽然它与音乐、美术一样是一种情感表达的方式，但舞蹈在同音乐完美配合的基础上还需要借助身体动作进行情感呈现，所以它不仅考验孩子的音乐智能，而且对运动智能的要求也很高。

如前文所说，**音乐智能主要影响孩子对音乐的喜爱程度和感知能力，而运动智能则影响孩子对自己肢体的掌控能力，即身体的协调、平衡能力和运动的力量、速度、灵活性等。其突出特征为利用身体交流和解决问题，熟练地进行需要力量或良好动作技能的活动**。只有当两项智能均得到充分发展时，才能使孩子陶醉于音乐的同时可以借助肢体语言抒发情感。

有的孩子存在音乐智能强，运动智能弱的情况，这会导致孩子喜爱舞蹈却跳不好。莎莎就是一个典型的例子，她的音乐智能较强，喜爱唱歌并且音准较好，再加上她喜爱舞蹈，所以莎莎才选择学习舞蹈课程。

但莎莎的运动智能偏弱，尤其是肢体协调能力较差，所以她在学舞蹈时心有余而力不足。莎莎的耳朵感知到了音乐之美，却无法准确地控制肢体，导致肢体僵硬、节拍不准且学习进度慢。虽然通过刻苦训练情况会有所改善，但在同学的对比下，莎莎的学习进度依旧落后。

与莎莎的情况相反的是，有的孩子运动智能较强，但音乐智能较弱，这样的孩子能很快掌握舞蹈动作且姿态标准，但不能很好地将舞蹈融入音乐。一旦音乐响起，原本流畅的舞蹈动作就会杂乱、变形，即使能勉强与音乐配合，呈现的舞姿也并不优美。可所有的舞蹈均与音乐共生，二者共享相同的节奏、韵律和情感，需要高度协调，同步展示，所以音乐智能弱

也会严重影响对舞蹈的学习。

无论是音乐智能强运动智能弱，还是音乐智能弱运动智能强，这两类孩子在学习舞蹈时的外在表现均为节拍不准，父母想要确定孩子具体是哪种情况，就需要结合孩子的日常表现仔细观察、判断。

二、什么样的孩子适合学习舞蹈

父母在为孩子报舞蹈兴趣班前应该先判断孩子是否适合学习舞蹈，对此父母可以根据以下三个要点做出判断。

第一点：孩子的音乐智能较强，特别是节奏感强。

节奏感强的孩子从小就能配合音乐做动作，且节拍准确，对此有一个标志性的测试——父母可以用切分节奏测试自己的孩子。如果孩子能准确掌握带附点音符的节奏，他的节奏感便肯定没问题。

第二点：孩子的运动智能较强，特别是肢体协调能力强。

肢体协调能力强的孩子无论体型如何，身体都十分柔韧、灵活，尤其是在进行跳绳、游泳等需要全身协调配合的运动时，他都能很快学会且动作优美。

如果孩子的音乐智能及运动智能均较强，那么他通常具有舞蹈天赋，反之则建议学习其他项目，强行学习只会打击孩子的自信心。但如果孩子两项智能一个较强一个较弱让人难以判断并做出决定时，父母可以参考第三点。

第三点：如果以上两项智能一个较强一个较弱，是否学习舞蹈取决于孩子的年龄。

如果孩子年龄在14周岁以下，父母可以遵循顺强补弱的原则为孩子报舞蹈兴趣班，即凭借音乐智能强的优势带动发展运动智能，或者依托运动智能强的优势促进音乐智能的发展。同时父母需要付出时间和精力陪伴孩子练习，最好每天都能安排练习以达到效果。

如果孩子的年龄超过14周岁，建议父母果断放弃，原因有三点：

- 14周岁以上的孩子已经进入中学阶段，升学已成为其核心目标，因此孩子很难有足够的时间进行特长训练，仅有的空闲时间也应聚焦在孩子更有优势的特长。

- 青春期的孩子自尊心较强，如果孩子总是体会挫败感，或者因为表现不佳失去自信，则得不偿失。

- 14周岁以上孩子的骨骼发育接近成熟，身体的柔韧度下降。当舞蹈难度加大时，先天运动智能较弱的孩子很容易产生伤病。与兴趣爱好相比，身体健康更为重要。

天 赋 小 随 堂

你的孩子适合学习舞蹈吗？			
多元智能	特征	是	否
音乐智能	孩子是否天然喜爱音乐？		
	孩子是否从小就能配合音乐做出动作？		
	孩子是否节拍准确？		
运动智能	孩子身体是否柔韧、灵活？		
	孩子在学习跳绳、游泳等需要全身协调配合的运动时，能否快速学会？		
	孩子在运动时动作是否优美？		

针对以上6个特征，请父母仔细观察孩子，并根据孩子的表现在"测试表"的"是"或"否"栏内画"√"。

如果你的孩子基本符合4个以上特征，那么你可以为孩子选择舞蹈类兴趣班。

如何引导孩子学习绘画

大多数孩子都会经历喜爱涂鸦的年龄段，他们的作品色彩丰富，充满想象力，在父母和老师眼里，每个孩子都是"小艺术家"。

4岁的浩然正处于"小艺术家"阶段，令浩然的父母感到惊喜的是，他不但喜欢绘画，而且还画得有模有样。有一次浩然和爸爸去海岛游玩，一艘驶过的游轮吸引了他的注意，当晚浩然就画出了一幅游轮图。爸爸看到这幅画后大吃一惊，因为浩然的绘画手法虽然稚嫩，但还原度很高，画中的游轮和他们当天看见的游轮相差无几。

浩然的父母在兴奋之余也意识到孩子的天赋不能埋没，于是妈妈打算为他报一门儿童简笔画课程。在报名之前她有些举棋不定，于是向我咨询："绘画类项目要像乐器类项目一样从小学起吗？"

我的回答是："学习绘画，年龄不是问题，但类别的选择是关键。"

一、绘画考验孩子的自然观察智能及视觉空间智能

孩子绘画的过程是先看，再思考，最后画出来，这个过程涉及立体三维至平面二维的转换，以及色彩和想象的运用。孩子想要在绘画中展现艺术美感与创造力，他便需要具备出色的自然观察智能和视觉空间智能。

自然观察智能代表孩子对周边环境、对图像的观察和记忆能力；视觉空间智能指准确判断并掌握视觉空间的能力，包括对色彩、线条、形状的

感知，以及判断其空间关系并将之立体化地呈现于脑海中的能力。

自然观察智能包括视觉辨识能力和美感体认能力。孩子想要画得像，首先要看得准，观察得细。视觉辨识能力强的孩子对细节的观察能力较强，也能更好地记住看到的画面，经过一段时间后，他们依旧能想起画面细节。而美感体认能力强的孩子对美的感受力也更强，即审美水平更高。在绘画上体现为孩子对色彩的运用更加大胆且效果和谐，他在审美上往往有自己独特的品位与明确的喜好。

当孩子具备较强的观察能力和较高的审美水平时，其创作出的绘画作品通常与实物接近，并且十分漂亮。不过仅用画作与实物是否相像，画作是否漂亮、好看来评判一幅画是否优秀则太过片面。尤其当孩子对作品过度关注细节，过度关注画作与实物相似与否时，他会不敢落笔，难以体会自由发挥想象的乐趣。

如果说自然观察智能是学美术的基础能力，那么视觉空间智能就是孩子发展美术天赋的催化剂。视觉空间智能包含一个重要因素，即想象力。因此保护孩子的想象力对于父母来说尤为重要，但大多数非专业父母却很容易忽略这个问题。

二、保护孩子想象力，勿选简笔画或过早学习素描

西班牙画家、雕塑家、现代艺术的创始人毕加索曾说："我花了一辈子的时间学习像儿童一样去画画。"这句话说明了想象力对艺术创造的重要性。

孩子小时候还未被灌输太多的绘画理论、绘画技巧和社会常识，此时视觉空间智能强的孩子拥有天马行空的想象力，他们画笔下的太阳可以变成绿色，白云也可以变成蓝色。这类孩子在日常生活中也十分善于联想，或许动物园里的一匹斑马就能引发他们的无尽想象：斑马近视怎么办？需要戴眼镜吗？

想象力可以让孩子跳出"只有一个标准答案"的框架，在艺术世界中找到更多答案，并且借助绘画尽情表达。如此珍贵的想象力一旦失去便不可追回，因此父母必须保护好孩子的想象力，避免限制与打压。

因此当父母思考如何为孩子选择绘画兴趣班的类别时便应该注意：避免让孩子学习简笔画，也不要让孩子过早地学习素描。因为简笔画会让孩子懒于观察，它的千篇一律也会导致孩子的作品失去个性；而过早地接触素描则会让孩子习惯于模仿，失去想象力。

但是避免学习简笔画，以及不要过早学习素描并不意味着我们要否定学习绘画的益处，学习绘画不仅可以帮助孩子提高观察能力和记忆力，其作为一种艺术表达还有助于孩子抒发情感。正如教育学家迪斯特·韦赫所指出的："画1小时画获得的东西，比看9小时获得的东西还多。"

三、如何确定孩子是否适合学习美术

父母想要确定自己的孩子是否适合学习美术，应该首先观察孩子是否具备自然观察智能与视觉空间智能。自然观察智能强的孩子，天然喜爱视觉艺术，除绘画外他们通常也喜欢看建筑、车展、服装展、珠宝展等一切美好的东西。

一个有趣的例子可以提示父母该如何判断孩子是否具备视觉空间智能：一位妈妈曾抱怨孩子和爸爸不认真看书，因为他们看书时通常只看完开头就开始自行创编后续情节，一个故事往往可以天南海北地聊上一两个小时。妈妈认为这样的看书方式是浪费时间，还不如把聊天、编故事的时间拿来多看几个故事。可事实上这样的看书方式恰恰是孩子和爸爸想象力丰富的体现。

比起入门门槛高、投入大的兴趣班项目，美术兴趣班的门槛不高，几乎适合每个孩子。孩子都有涂鸦的本能，只是一些自然观察智能和视觉空间智能强的孩子会在绘画学习中进步更快，佳作频出，而另一部分自然

观察智能和视觉空间智能弱的孩子则会渐渐不再喜欢绘画，或者进步速度变慢。父母只要能够适当调整自己的预期值，就可以支持孩子尝试学习绘画。如果父母期望孩子在绘画方面有所建树，甚至将绘画作为未来的发展路线，那么自然观察智能和视觉空间智能的发展情况就是父母需要重视并认真考量的因素。

天 赋 小 随 堂

你的孩子适合学习绘画吗？

多元智能	特征	是	否
自然观察智能	孩子是否特别喜欢画画？		
	孩子是否喜欢看建筑及各类展览等？		
	孩子是否识字快且写字漂亮？		
视觉空间智能	孩子是否拥有较强的想象力？		
	孩子面对问题是否不满足于标准答案，反而有许多其他答案？		
	孩子是否喜欢创编故事，甚至"胡说八道"？		

针对以上6个特征，请父母仔细观察孩子，并根据孩子的表现在"测试表"的"是"或"否"栏内画"√"。

如果你的孩子在自然观察智能方面基本符合两个以上特征，那么你可以为孩子选择美术兴趣班。

其中，如果孩子同时在视觉空间智能方面符合两个以上特征，父母应格外注意，尽量为孩子选择创意类美术课程。

孩子学习跆拳道，不敢出手怎么办

随着跆拳道运动在中国的兴起，越来越多的父母也认识到跆拳道对孩子身心成长的帮助，因此尝试将自己的孩子送去学习跆拳道。

但每个孩子都有自己的特点、个性，不是所有的孩子都能练习好跆拳道，也不是所有的孩子都适合学跆拳道。所以我们会发现有的孩子在赛场上所向披靡、勇敢善战，而有的孩子却始终畏畏缩缩、战战兢兢，不敢出手。

聪明又淘气的睿睿看到自己身边有小朋友在学跆拳道，也缠着妈妈给自己报名了跆拳道兴趣班。在刚开始的几节基础课睿睿表现得很好，动作学得很快、很标准。但随着对抗性课程的展开，睿睿的问题逐渐表现出来：并不矮小的睿睿在面对对手时不敢按照动作进行对抗击打，总是不由自主地往后躲，妈妈在旁边非常着急，只能一个劲儿地给他打气："不要怕，胆子大一些，加油！"

要弄清楚睿睿的问题所在，首先我们要知道跆拳道这项运动的特征和要求。

作为近身搏击类项目的一种，跆拳道和散打、柔道、自由搏击、摔跤等类似，是一项强调逻辑、讲究策略的运动，不是仅靠力气便可以学会。虽然跆拳道比赛设有不同的得分点，但大多数顶尖的跆拳道高手都有自己的"必杀技"，唯有把这一招"必杀技"练到登峰造极才能取得对抗赛的胜利。

跆拳道作为一项对抗性的体育项目，其对参赛者的勇气要求也很高。所谓"两军相逢勇者胜"，如果参赛者在面对对手时感到害怕、心神不宁，便会影响能力的发挥。

从多元智能的角度看，**孩子想要把跆拳道练好，既需要数理逻辑智能，又需要运动智能。数理逻辑智能指人对逻辑结果关系的理解推理和思维表达的能力，突出特征为用逻辑方法解决问题。运动智能既包括身体协调能力也包括肌肉耐力，俗称体能。在跆拳道项目中，后者的重要性更为突出。**

一、为什么孩子在赛场上会打却不敢拼

少儿阶段的跆拳道训练因为处于打基础的阶段，不是竞技对抗，所以数理逻辑智能不是其成绩和效果的决定性因素，相比较而言，肌肉耐力在孩子训练跆拳道的过程中影响会更大一些。

每种运动都有自己独特的使命，跆拳道突出的正面对抗特点决定了它是一项讲究"精神"的运动，其使命是帮助孩子形成不惧挑战的勇气，这也正是跆拳道的魅力所在。在跆拳道比赛中，当孩子碰到特别强的对手，自己被钳制住或处于下风时，需要凭借强大的毅力和勇气寻找机会，才能实现逆转。

我们在教育实践中碰到的最大问题是孩子在单独训练学习时虽然掌握了技术要点，但一到对抗环节孩子就会表现出害怕、不敢迎战的状况。当孩子出现这样的情况时父母往往会将其归咎于内向、胆小，可实际上深层原因是孩子肌肉耐力弱而导致内心恐惧。所以当孩子处于这种情况下时，父母在旁边为其加油、鼓劲没有任何作用，应该想办法提高孩子的肌肉耐力。对此父母有以下三种方法可以考虑。

方法一：调整孩子的饮食结构，增加孩子的力量型训练，让孩子拥有强健的体格。

方法二：熟练掌握好跆拳道的基本功。当孩子在做自己熟悉的事情时会充满自信。

方法三：帮助孩子找到自己的"必杀技"，通过几次小的胜利积累孩子对自己的信心，再逐步增加对抗的难度，用循序渐进的方式克服孩子内心的恐惧。

二、什么样的孩子适合练习跆拳道

跆拳道除了上文提及的优点，其动作中包含的踢腿、拉伸和手臂动作还可以锻炼孩子的肌肉力量，让孩子的身体更加柔韧和协调，提高孩子的身体反应能力，同时该运动对培养孩子勇于进取的精神和坚忍不拔的意志也大有裨益。

虽然跆拳道有诸多好处，但是父母在为孩子报跆拳道兴趣班之前仍需要观察孩子是否适合练习跆拳道。

首先，父母要重点观察孩子运动智能中的肌肉耐力，也就是孩子的体能情况。体能强的孩子精力旺盛，大多数情况下表现得很活跃，喜欢运动和户外活动，喜欢竞争，敢于挑战。

其次，父母要观察孩子的数理逻辑智能。数理逻辑智能强的孩子说话条理清晰、头头是道，处于学龄阶段的孩子大多数学习成绩较好。如果父母希望孩子能深入学习跆拳道并有所建树，数理逻辑智能是孩子必须具备的智能。

如果你通过观察发现孩子的运动智能强，那么你的孩子适合学习跆拳道。但如果你发现孩子的体能是严重弱项，建议你先从其他基础的运动项目开始练习，提升孩子的体能。

天 赋 小 随 堂

多元智能	特征	是	否
	你的孩子适合学习跆拳道吗?		
运动智能	孩子是否精力旺盛?		
	孩子是否睡眠很少?		
	孩子是否喜欢运动?		
数理逻辑智能	孩子说话是否条理清晰、头头是道?		
	孩子做事是否主次分明?		
	孩子的数学成绩是否较好?		

针对以上6个特征，请父母仔细观察孩子，并根据孩子的表现在"测试表"的"是"或"否"栏内画"√"。

如果你的孩子在运动智能方面基本符合两个以上特征，那么你可以为孩子选择跆拳道兴趣班。

其中，如果孩子同时在数理逻辑智能方面也符合两个以上特征，那么你可以考虑将跆拳道作为孩子的特长来发展。

孩子学游泳，不怕水却容易呛水怎么办

　　早有传闻说游泳将被纳入中考，事实上很多省市已经将游泳纳入体育中考的范围，再加上如今的新一代父母很看重孩子全方位的发展，所以很多父母送孩子去上游泳的兴趣班。

　　又是一年暑假，妈妈给7岁的哥哥南南和5岁的弟弟北北报了游泳班，可令人不解的是南南的学习进度始终不如北北。南南在刚开始练习岸上动作时就显得特别费劲，好不容易动作练习规范下水后还经常呛水，看得妈妈心惊胆战。北北则不同，不但比南南提前完成岸上动作的学习，下水之后也能很快掌握游泳要领。

　　孩子学习游泳时最大的障碍便是怕水，南南和北北在这方面都没问题，尤其是南南虽然学得很慢胆子却很大。事实上南南学习游泳效果逊色的原因在于其肢体协调能力与北北存在差距。

一、学习游泳考验肢体协调能力

　　对于不少孩子而言，初学游泳时的难点在于是否能够顺畅换气，这考验孩子头部与四肢、躯干等多方面协调运用，即孩子的肢体协调能力。

　　肢体协调能力在多元智能中，属于运动智能，由体知觉力决定，和肌肉耐力更侧重体能的强弱和力量的大小不同，体知觉力更侧重于身体的协

调性、平衡感和灵活度。

游泳是一个全身性的运动，无论哪一种泳姿都对肢体协调性有要求。对初学者来说，蛙泳见效快，学习起来也较容易，只要能飘在水上，做到在水中低头吐气、抬头吸气就能游泳。但即使是最容易的泳姿，对体知觉力弱的孩子来说也会构成不小的挑战。我见过很多孩子只会一直仰着头游泳，有的孩子一换气就呛水，这都与体知觉力的强弱有关。

所以父母如果想给孩子选择游泳兴趣班，需要考量孩子体知觉力的强弱。

体知觉力强的孩子往往共情能力强，容易动情，比如孩子在看电视、看书时容易被感动，与人交流时喜欢手舞足蹈。体知觉力强的孩子另一个表现是好动，比如坐不住，在学习上不专注。对于体知觉力强的孩子，父母可以选择报游泳班，但对于体知觉力弱的孩子，建议父母不要轻易给孩子报游泳班，可以通过其他基础训练提高孩子的体知觉力后再为孩子报游泳班。

体知觉力的发展黄金期是婴儿期和幼儿期，孩子通常会从6个月开始学习匍匐前进，爬行是其第一次综合协调运用手脚大脑等多个身体器官，不但能锻炼肌肉耐力，还能对平衡协调能力有极大的促进。而且孩子在学会爬行之后，他的自主活动范围会变大，眼睛、耳朵、皮肤及手脚能接收到更多刺激，可以提高孩子对感知的敏感性和精确性，这些能力都属于体知觉力的范畴。

孩子最初蹒跚走路时也是同理，通过脚掌和地面的接触，也能有效地训练体知觉力。所以父母可以多让孩子参加一些运用手脚、四肢、大脑的运动，来提高孩子的体知觉力。

二、练习游泳考验肌肉耐力

很多父母可能会有疑惑：通过观察发现孩子的体知觉力很强，很适合游泳，他却不好好上课，这是为什么？

这是因为运动智能既包含体知觉力，也包含肌肉耐力。有的孩子虽然体知觉力强，但肌肉耐力弱，所以孩子不是不适合游泳，而是不能坚持游泳训练，当孩子出现此类情况时父母要鼓励孩子坚持下去。如果孩子在他先天有优势的项目上都轻易放弃，那么在其他没有优势的项目上就更难坚持到底。

游泳对孩子的身体发育有诸多好处，一方面可以促进孩子的身体协调性、爆发力、肌肉耐力及心肺功能，提高孩子的免疫力；另一方面可以促进孩子的智力发育。最重要的是，学习游泳可以让孩子掌握一项生存技能。

在所有的运动项目中，与游泳有异曲同工之处的是攀岩、蹦床、骑自行车等，这些项目都要求孩子具备好的协调性和平衡感。因为少了"怕水"这个潜在的小障碍，孩子对这几类项目的接受度会更高，并且这类项目也适用于"补弱"。换言之，游泳更适合先天体知觉力强的孩子，但如果父母想提高体知觉力先天较弱的孩子的体知觉力，便可以在攀岩、蹦床、骑自行车这类项目中为孩子做选择。

需要提醒父母的是，这几个运动项目具有一定的危险性，无论孩子在这些运动上天赋如何，父母在孩子运动时一定要做好防护措施。

天 赋 小 随 堂

你的孩子适合学习游泳吗？			
多元智能	特征	是	否
运动智能	孩子是否容易被电视里的情节或书里的情节所打动，大笑或哭泣？		
	孩子与人交流时是否喜欢手舞足蹈？		
	孩子是否有坐不住、好动的表现？		
	孩子是否精力旺盛？		
	孩子是否喜欢竞争？		
	孩子是否喜欢到户外活动？		

针对以上6个特征，请父母仔细观察孩子，并根据孩子的表现在"测试表"的"是"或"否"栏内画"√"。

如果你的孩子基本符合4个以上特征，那么你可以为孩子选择游泳兴趣班。

每个孩子都适合球类运动吗

如今的父母普遍重视孩子的体育锻炼，不少父母会在孩子很小的时候便为孩子选报一个体育类的兴趣班。

比如小宝的妈妈就为他选择了羽毛球兴趣班。妈妈认为小宝从小精力旺盛，如果不让他在放学后消耗一下过剩的精力，他晚上写作业时便会坐不住。因此小宝的妈妈为他选择了对场地要求不高的大众运动——羽毛球。可是让妈妈没想到的是，平时爱玩爱闹、精力旺盛的小宝学了1个月以后就嚷嚷着不想再去上课了。

原来，尽管小宝体力充沛，但是打羽毛球时总是接不到球。每次上课时，和他同时开始学习的小朋友基本都能顺利地接球了，而他却只能忙着到处捡球，这让小宝感到"英雄无用武之地"，一提起羽毛球他就特别沮丧。

小宝的妈妈能理解孩子的心情，但她认为只有迎难而上才能锻炼孩子的毅力。可她为此信心满满地征求我的意见时，我却建议她停了小宝的羽毛球课，小宝的妈妈感到非常不解。

我之所以这样建议小宝的妈妈是因为球类运动具有特殊性，学习球类项目不但要求孩子有较好的体能，还要求孩子具备视觉空间智能和自然观察智能。

一、学习球类运动，离不开视觉空间智能和自然观察智能

父母们不妨想象一下打羽毛球的过程，当我们把球打出去后，眼睛一定会紧紧盯着飞速运动的球，观察它能否被对方接到。一旦对方接到球并再将其打回来，我们的目光更是不会有丝毫游离，因为我们要根据球在空中的运动轨迹，提前估算球的落点，做好接球准备。在这个过程中我们需要运用视觉空间智能和自然观察智能。

视觉空间智能是指准确判断并掌握视觉空间的能力，在球类运动中体现为孩子对距离的估算能力；自然观察智能是指孩子对周边环境、对图像的观察和记忆能力，其中包括视觉追踪能力，这项能力和球类运动的关系尤为紧密。

在打球的过程中，打球之人对球的落点预估得越准，准确接球的概率越大，如果估算得不准，自然有心无力，想接也接不住，视觉空间智能强的人便可以准确预估球的落点。而在预估球的落点时，我们的视线必须紧紧跟着球，准确捕捉球的位置。此时我们要运用视觉追踪能力，如果视觉追踪能力太弱，就会出现看不到球的飞行轨迹，或者看不准落点的情况，最终导致接不住球。

虽然坚持体育运动能让孩子精力充沛，还能锻炼孩子的毅力，但父母不应该盲目地为孩子选择球类课程。

二、哪些孩子不适合球类运动

如果父母想为孩子报球类项目兴趣班，如羽毛球、乒乓球、高尔夫球、冰球，甚至相对小众的壁球、板球、曲棍球，应该仔细观察孩子是否具备以下两点特质，如果具备则说明孩子不适合学习球类运动。

第一点：视觉空间智能较弱。

相较于其他智能，孩子的视觉空间智能更容易被父母忽略，即使孩

子的视觉空间智能比较弱，父母也很难察觉。视觉空间智能弱的孩子最典型的表现是因为对距离和方位估算不准而接不住东西，在走路或骑车时，他们发生撞人或磕碰的概率也会更大，在人群中、拐角处都很容易撞到别人。此外，这类孩子不能准确估量和描述距离、时间、重量等，比如，他们会把1米说成2米、3米，把10分钟说成半小时。面对一袋很沉的东西时，他们也会"自不量力"地伸手去提。

第二点：自然观察智能较弱。

孩子的自然观察智能弱，主要体现为马虎、粗心，这类孩子往往字迹潦草，房间杂乱，很可能不喜欢画画，尤其是精细的工笔画、线描画等，因为他们不善于观察，既不喜欢看，也看不细、看不准。这类孩子进行球类运动时通常视觉追踪能力较弱，难以准确预估球的落点，所以不适合学习球类运动。

很多父母一定没想到，为孩子选体育项目时居然还要考虑体能以外的因素。的确，体育项目的选择通常大有讲究。

三、为孩子选择体育运动项目的基本原则：顺强补弱

父母为孩子选择体育运动项目时，要遵循一个基本原则：顺强补弱。

如果孩子的体能不错，视觉空间智能和自然观察智能也都较好，那么父母可以为孩子选择球类运动；如果孩子体能很强，视觉空间智能和自然观察智能较弱，父母可以为孩子选择游泳、跑步、搏击、跆拳道等依赖自身肢体力量和能力的项目。

如果孩子的体能很弱，父母最好也为孩子选择一个基础类体育项目，通过体育运动提升孩子的体能。但这时要注意避开对抗性的项目，否则就会对孩子产生反效果。

我认识一个小男孩，他长得十分瘦小，体能比较弱。为了帮助他强

身健体，锻炼男子气概，爸爸给他报了自由搏击兴趣班。但在上课的过程中，由于力量不足、体能较弱，他在对抗中经常挨打，进而产生了畏难情绪，经常刻意回避对抗。上了一段时间自由搏击课后，他变得越来越胆小，对自由搏击课也越来越排斥，最后发展到了哭闹着不肯去上课的程度。

事实上这个孩子的视觉空间智能和自然观察智能都很强，如果能将体育项目换成乒乓球、高尔夫球等球类项目，他反而能够发挥自己的优势，有更好的表现。

此外我要特别强调的是：**玩耍并不等于运动！**许多父母以为孩子每天跑跳、玩耍就等于运动，这个观念是错误的。因为孩子玩耍时总是随心所欲，累了就可以休息，饿了、渴了就可以吃喝，不需要咬牙坚持、克服困难，更不需要努力达到目标。

而体育项目是有目标、有训练量、有时间要求的，能够训练孩子的耐力与毅力。当然，无论孩子选择哪项运动，都应该保证每周训练两次，每次训练时间不少于1小时，只有这样才能达到锻炼的目的，并让精力旺盛的孩子充分释放过剩的精力！

此外，父母为孩子选择体育项目时还应该考虑孩子的人际智能。如果孩子的人际智能强，非常合群，那么他更适合群体项目，许多团体运动项目对培养孩子的团队合作精神都很有帮助。人际智能强的孩子非常乐观、活泼，有较强的社交需求，团队作战符合孩子对社交的需求，也能发挥他的优势，何乐而不为？

如果孩子的人际智能偏弱，更喜欢独来独往，那么他更适合个体项目。这样的孩子往往专注度很高，在进行个体项目训练时他们往往更能聚焦，也容易取得好成绩，这能有效地帮助孩子提升自信心。

天 赋 小 随 堂

多元智能	特征	是	否
	你的孩子适合学习球类运动吗?		
视觉空间智能	孩子是否不容易发生磕碰?		
	孩子是否能准确估算和描述距离、时间、重量?		
	孩子是否喜欢玩魔方、乐高之类的玩具?		
自然观察智能	孩子在学习上是否细心?		
	孩子在生活中是否能保持房间和衣服干净整洁?		
	孩子是否喜欢画画,或做精细的手工?		

针对以上6个特征,请父母仔细观察孩子,并根据孩子的表现在"测试表"的"是"或"否"栏内画"√"。

如果你的孩子基本符合4个以上特征,那么你的孩子适合选择球类的兴趣班。

书法和棋类，父母如何取舍

若父母想要训练孩子耐性时应该选什么兴趣班呢？我认为非书法和棋类莫属。

宁宁的妈妈最近十分兴奋，因为她收获了一个"大绝招"。她与许久未见的朋友一家聚会时发现对方的孩子发生了很大的变化，以前朋友的孩子与宁宁一样调皮捣蛋，现在他居然变得文静了许多。除了吃饭及饭后玩闹了一段时间，大部分情况下都在看书，时而点头，时而摇头，时而自己偷乐，看起来怡然自乐。宁宁的妈妈询问朋友后才知道，原来朋友的孩子学习书法已经一年了。通过学习书法，朋友的孩子不仅字写得更漂亮了，还爱上了看书。

得知这个信息的宁宁的妈妈十分高兴，聚会结束后她就开始寻找合适的少儿书法班，准备给宁宁也报一个书法兴趣班。为此她特意向我咨询，但我在了解了宁宁的情况后建议她给宁宁改报一个棋类兴趣班。

我之所以这样建议是因为从多元智能角度出发，学习书法与棋类所需的智能是不同的。

一、学习书法，更需要自然观察智能

书法与棋类相似，都可以达到"静能生慧"的效果，但二者的学习过程并不相同，对孩子的要求也不同。

孩子写书法，要先仔仔细细地看字帖，研究并记住字的结构布局，临摹时还要控制手腕及手指的力量，做好眼、手、脑之间的配合。当书法学习进入高水平阶段后，其对孩子的想象力还有一定要求，同样的笔画运用不同的写法会形成不同的效果，进行这种抽象的表达需要较强的想象力和创造力。

从多元智能的角度看，学习书法需要运用自然观察智能和运动智能。**书法对自然观察智能的运用，既包括图像观察和记忆能力，也包括审美能力；对运动智能的运用，既包括体知觉力，也包括肌肉耐力。**

书法是中国艺术瑰宝，充满美感，被誉为"无言的诗，无形的舞，无图的画，无声的乐"。如果孩子具有较强的自然观察智能，则通常本能喜爱美的事物。无论何种书法字体中都蕴含着力量与美感，具有很强的视觉冲击性。自然观察智能强的孩子在学习书法时会感到愉悦。

自然观察智能较强的孩子还特别善于观察细节，并具有较好的图像记忆力。中华文字是象形文字，孩子学习书法早期一般依靠临摹，而临摹的关键在于孩子能否仔细地观察字帖，记住字形、字体结构。如同声乐学习是先听后唱一般，书法学习是先看再写，孩子只有仔细地观察字帖才能写得传神到位。

自然观察智能较弱的孩子既感受不到书法之美带来的愉悦，也观察不出每个字的细节，如果恰好孩子又没有耐性、坐不住，那么学习书法对他来说就是一种折磨。

此外，学习书法还需要运用运动智能，因为书法中的运笔是比较精细、灵活的动作，具有一定肢体协调能力的孩子才能准确完成运笔动作，长期练习书法对体能和耐力也有一定要求。

我之所以不建议宁宁学习书法，是因为宁宁的运动智能虽然不错，但自然观察智能并非他的优势，因此书法学习很难激发他的兴趣。不过他说话办事条理清晰，喜欢数学，这表明宁宁的数理逻辑智能较强，这一类孩子非常适合学习棋类课程。

二、学习棋类，离不开数理逻辑智能

孩子学下棋不仅眼睛需要紧盯棋盘，大脑也需要飞速运转，落子时需根据对手的反应预判构思下一子如何落，同时还需具备预判大局和掌握大局的能力。所谓运筹帷幄，即在此中，因此学习下棋需要孩子具备较强的数理逻辑智能。

前文说过，**数理逻辑智能指人对逻辑关系的理解和推理能力，突出特征为用逻辑方法解决问题，内含对数字和抽象模式的理解能力和认识及解决问题的推理能力。**学习棋类对这项智能的要求非常突出。

各种棋类的玩法虽不相同，但都需要有较强的逻辑思维能力。想要学下棋必须学会数学计算，能够进行逻辑分析和推理。只有思维严谨的人才能计划严密，下一步想三步，且能随时关注棋盘上的变化并及时调整应对方式。

所以虽然书法和棋类课程都可以使孩子更加专注，沉稳有定力，但是二者在提升孩子能力方面却各有侧重。书法与棋类提升孩子能力的侧重点，如图1-4所示。

图1-4　书法与棋类提升孩子能力的侧重点

虽然学习书法与棋类对孩子都有益处，但是父母应当根据孩子的具体情况做出选择。上文曾提到，在孩子的青少年儿童时期父母一定要遵循"顺强补弱"的原则来为孩子选择兴趣班，要善加利用孩子的先天优势，以优势带动劣势，让孩子改善现有的问题，那么如果父母想要通过学习书法或棋类来培养孩子的耐性时，该如何选择呢？

三、如何取舍书法与棋类兴趣班

父母如果需要在书法与棋类兴趣班间进行取舍，应当考虑孩子的自然观察智能和数理逻辑智能。

自然观察智能强的孩子在日常生活中比较喜欢看书，做事情注重细节，对逛美术馆和各种展览馆比较感兴趣；数理逻辑智能强的孩子对数学非常感兴趣，并且思维清晰，条理明确，喜欢归纳总结，甚至拥有一定的分析能力。

如果孩子的自然观察智能强，更适合学习书法，父母需要先引导孩子对书法产生兴趣，使孩子感受到书法之美。如果孩子自然观察智能先天较弱，父母又希望弥补，则不建议将书法作为特长进行培养，参加短期的集训班即可。

如果孩子的数理逻辑智能比较强，那么棋类兴趣班一定适合他。除了好动的孩子，棋类还适合没有主见和害怕失败的孩子，因为下棋时每次落子都是一次决策，每次决策都是一次思考，既需要深思，也需要果敢，孩子在这个过程中能真正体会到什么叫胜不骄、败不馁，所以学习棋类是对孩子决策力与胜负心的锻炼。

天 赋 小 随 堂

你的孩子适合学习书法或棋类吗？

多元智能	特征	是	否
自然观察智能	孩子做事情是否注重细节？		
	孩子是否喜欢看书？		
	孩子是否喜欢参观美术馆或展览馆？		
数理逻辑智能	孩子对数学是否感兴趣？		
	孩子做事是否很注重抓重点？		
	孩子是否喜欢推理类的故事或影片？		

针对以上6个特征，请父母仔细观察孩子，并根据孩子的表现在"测试表"的"是"或"否"栏内画"√"。

如果你的孩子在自然观察智能方面基本符合两个以上特征，那么你可以为孩子选择书法兴趣班；

如果你的孩子在数理逻辑智能方面基本符合两个以上特征，那么你可以为孩子选择围棋、象棋等棋类的兴趣班。

主持和戏剧，应该为孩子选哪个

在大众的观念里，孩子能说会道是聪明机灵、社交能力强的表现，因此很多父母都十分关注孩子的语言表达能力，并且在孩子很小的时候就会为他们报口才、主持、戏剧等兴趣班。

我一位朋友的大女儿双双从小就展现出了突出的语言表达能力，双双从小就喜欢听故事，每次听到熟悉的故事时，她总会在妈妈讲完一遍后拿起故事书像模像样地把故事再讲一遍。而且双双讲故事时不仅连贯而且绘声绘色，就像一个小小的"故事大王"。

妈妈认为双双在语言表达方面很有天赋，有必要着力培养一下，于是她准备给双双报一个兴趣班，但是在选择兴趣班时她却犯了难：到底应该让孩子学主持，还是学戏剧呢？

面对主持兴趣班和戏剧兴趣班，和双双妈妈一样难以抉择的父母不妨先了解一下这两类课程的学习要求和训练目的。

学习主持课程要求孩子熟悉台词并做到熟练背诵，还要求孩子有较好的台风[1]，语言、表情能够协调配合。此外，孩子还要能够调动观众的积极性，活跃现场气氛，使主持内容与现场氛围相匹配，达到融洽的状态。

---

1. 台风：人在舞台表演中从视觉方面所显示的气质和风度。

戏剧课程对孩子的要求与主持课程有所不同，戏剧更注重孩子的肢体能力，需要通过肢体动作、语调变化、表情及眼神，在有限的空间和时间内尽可能多地呈现剧本内容。但学习戏剧课程同样要求孩子熟悉剧本内容，理解人物关系。此外，演员之间的配合和与现场观众的互动也是学习戏剧的过程中必须要掌握的内容。

通过分析我们不难发现，学主持和学戏剧都要考验孩子的多项能力，但二者有很强的共通之处，也就是需要孩子具备一定的语言表达能力和阅读能力。在多元智能中，这分别与数理逻辑智能和自然观察智能有关。

一、学习主持和戏剧，离不开数理逻辑智能和自然观察智能

数理逻辑智能指人对逻辑关系的理解能力和表达能力，这项智能不仅决定着孩子的逻辑推理能力，而且与语言表达能力紧密相关。 因为语言是思维的外壳，语言的背后需要逻辑思维作为支撑，一个人要想把话说清楚就要提前想明白怎么说。

数理逻辑智能越强的孩子，越适合学主持和戏剧，因为这样的孩子能够快速地将从外界吸收的各类信息进行归类、整理，组织成合适的语言，再反馈出来。相反，如果孩子的数理逻辑智能较弱，那么吸收的外界信息越多，孩子的思维就越混乱，进而难以用简洁、流畅、清晰的语言表达心中所想。

自然观察智能，代表孩子对周边环境、对图像的观察和记忆能力，阅读能力也是其中重要的组成部分。 自然观察智能是孩子学习主持和戏剧的必备智能。

无论主持还是戏剧表演，都是一种输出方式，决定输出效果好坏的除了技巧还有"内存"，这里的"内存"是指孩子从外界获得的信息，孩子的"内存"多少取决于输入效率。

输入效率的最大影响因素就是自然观察智能，自然观察智能高的孩子有较强的发现素材、积累素材的能力，能通过阅读积累知识、培养人文素养。大量的阅读能让孩子说话时做到文采斐然，妙语连珠。"腹有诗书气自华"说的就是这个道理。

如果孩子只能机械地背稿，死记硬背肢体动作，那么当他登台主持或表演的时候，他的语言和动作或许看上去很熟练，但一定会非常空洞。正如著名主持人董卿之所以能在中国诗词大会上旁征博引，和选手以诗词对答不是因为她具有高超的播音技巧，而是因为她在诗词文学方面有着深厚的积淀。

同理，如果孩子想把主持和戏剧学好，也绝不能仅仅只是背戏词、对口型，而是要先理解作品本身的意思，然后运用恰当语言表达出来。所以无论是主持还是戏剧，输出效果的好坏都取决于孩子自己有没有"料"，而"料"的积累离不开自然观察智能，尤其是其中的阅读能力。

因此，能把主持和戏剧学好的孩子阅读能力通常都不会太差，学好主持或戏剧也会给语文学习带来很大的助力。

父母要明白的是，学主持不仅仅是学"说话"，学主持的过程不但可以激发孩子的阅读兴趣，也能提高其阅读水平，并培养孩子当众表达、互动沟通的能力；学戏剧也不仅仅是学"表演"，还可以提升孩子的人文积淀，培养孩子对故事和人物的理解能力，而且戏剧表演涉及"对手戏"，所以还可以培养孩子的配合能力。

学习主持和戏剧可以培养孩子多方面的能力，但是父母千万不要盲目地为孩子报相关兴趣班，要从孩子的实际情况出发。

二、如何确定孩子是否适合学主持或戏剧

父母是否应该让孩子学主持或戏剧，主要看以下两点。

第一，孩子的数理逻辑智能如何？是否具备较强的语言表达能力？

语言表达能力强的孩子在生活中的表现是爱说话，而且说得条理清楚。当然，这样的孩子也很有可能爱插话、抢话，甚至喜欢强词夺理。

如果孩子的语言表达能力特别强，是个"小话痨"，或者和双双一样是个"故事大王"。建议父母为这类孩子报主持或戏剧兴趣班，同时还要培养孩子的阅读习惯，让孩子多读书。需要注意的是，青少年儿童阶段的主持人课程要以提升文学素养为主，不要过于强调播音主持技巧。

如果孩子语言表达能力比较弱，那么父母在为孩子报主持或戏剧兴趣班前一定要做好心理准备。因为孩子的学习效果有可能无法达到父母的预期，也很难成为舞台上的主角。但是通过这两门课程增加登台表演的机会，仍然能帮助孩子突破自我，提高胆量，积累表演经验，激发孩子表达的兴趣。

第二，孩子的自然观察智能如何？是否具备较强的阅读能力？

阅读能力强的孩子通常更容易激起阅读兴趣，养成良好的阅读习惯。他们对读书如饥似渴，阅读范围广，速度快，甚至可以做到一目十行。这类孩子适合学习主持和戏剧，父母可以大胆报课，重点培养，但建议首选主持，因为主持更凸显个人能力，会让孩子的优势发挥得更加充分。通过主持课程可以强化孩子的输出能力，以达到输入能力和输出能力相辅相成、互相激发的效果。

如果孩子不爱阅读，但语言表达能力很强，则他更适合戏剧，因为戏剧是依据固定内容进行表演，更强调表达的效果。

天 赋 小 随 堂

你的孩子适合学习主持或戏剧吗？

多元智能	特征	是	否
数理逻辑智能	孩子是否爱说话，甚至有一些"话痨"？		
	孩子说话是否清楚、有条理？		
	孩子是否喜欢辩论，甚至狡辩？		
自然观察智能	孩子是否会自主选择阅读？		
	孩子的阅读兴趣是否广泛？		
	孩子的阅读速度是否较快？		

针对以上6个特征，请父母仔细观察孩子，并根据孩子的表现在"测试表"的"是"或"否"栏内画"√"。

如果你的孩子基本符合4个以上特征，那么给孩子选择主持或戏剧兴趣班均可。

其中，如果孩子在数理逻辑智能方面3项全中，则可首选主持。

乐高和编程，如何判断孩子是否适合学

如果孩子选对了兴趣班，他不仅能从中获得乐趣和成就感，而且通常能做到坚持学习。那些选对兴趣班的孩子，无疑是幸运的。

得益于爸爸的科学规划，乐乐就是这样一个幸运的孩子。从上幼儿园大班起爸爸就给他报了乐高兴趣班，而且陪伴他一学就是两年。事实证明爸爸的决策是正确的，乐乐非常喜欢这门课程，并且学得不亦乐乎。在学习乐高课的过程中，乐乐在数学上的优势也逐渐凸显。

上小学一年级后，乐乐的数学优势变得更加突出，不仅数学成绩好，而且特别爱钻研数学问题。于是爸爸又为他升级到编程兴趣班，让父母感到高兴的是，这次的兴趣班又选对了，每周的编程课成了乐乐的欢乐时光。

现在乐乐已经步入小学四年级，他依然在继续学习编程课，通过学习这门课程乐乐获得了优异的数学成绩，以及较强的逻辑思维能力。突出的成绩与特长让乐乐变得越来越自信，每天都雄赳赳气昂昂。乐乐爸爸的朋友都特别佩服他，认为他十分有眼光，为孩子选对了兴趣班，不但让孩子拥有了可以持续学习的特长，还间接提升了孩子的主科成绩。

为什么乐乐的爸爸能"一选一个准"，难道他有什么秘诀吗？

事实上，乐乐爸爸的秘诀就是认真观察孩子，了解孩子的优势，为孩子选兴趣班时他选了能充分发挥孩子优势的课程，这是值得所有父母借鉴的。

了解乐高的人都知道，这门课程对孩子的动手能力有一定要求。乐高课程初期孩子要动手拼插乐高积木，并通过独立操作或团队合作完成一件作品，动手能力差的孩子在这个阶段就会遇到困难。

除了考验孩子的动手能力，乐高课程更考验孩子的动脑能力，孩子要运用空间想象力，在脑海中形成作品的框架，动手操作只是基础。就算孩子不需要自己想，可以按照说明书操作，把二维平面图变成三维立体乐高模型也不是一件容易的事，这同样要考验孩子的空间想象力。

编程课是乐高课的升级版，不仅需要动手能力、空间想象力，还需要逻辑能力。孩子学编程时可以发挥想象力创造故事和游戏，并通过编程语言来实现自己的构想。换言之，编程的本质是解决问题。所以孩子需要先理解问题、拆解问题，才能一步步地解决问题，最终实现整体目标，这对孩子的分析推理能力和判断能力等提出了很高的要求。

从多元智能的角度看，空间想象能力与视觉空间智能有关，逻辑能力与数理逻辑智能有关。学习乐高课程更需要空间想象能力，学习编程更需要逻辑能力。乐乐之所以能学好乐高课和编程课，是因为他恰恰在这两种智能上具有一定优势，他在日常生活中表现出了较强的空间想象力和逻辑能力，爸爸便根据他的优势为他选择了适合的兴趣班。

一、学习乐高和编程，离不开视觉空间智能和数理逻辑智能

视觉空间智能指准确掌握并表现视觉空间的能力，即对空间有所感知，能对眼前的物体做多方位、多角度、多手段的考察和探索，并且能通过想象"看"到其与周围事物的空间关系；数理逻辑智能是指人对逻辑结果关系的理解，即对复杂事物进行归纳、分解、推理的能力。

对于学龄前和小学低年级的孩子，数学能力上的培养不能仅限于计

算。现阶段的小学数学已经包含了几何知识，需要孩子判断多个立体形状之间的关系，这要求孩子必须加强视觉空间智能的训练，学习乐高恰恰能实现这一点。

编程可以提升孩子的数理逻辑智能，同样对孩子的数学学习有很大帮助。有的孩子天生具有较强的逻辑能力，但是缺乏应用技巧，编程课能够帮助孩子训练应用技巧。经过一段时间的训练后，孩子面对让人无处着手的数学难题时思路将会更加清晰，加上想象力和创造力的"加持"，孩子还可以为一个问题找到多种解法，把知识点理解得更透彻，成为老师和同学眼中的"数学小天才"。

对于小学高年级或中学的孩子来说，数学这门学科涉及的知识会越来越抽象，学习难度也越来越大。学习编程可以让孩子更好地理解抽象的概念，并形成一个完整的知识体系。比如在编程课上，游戏设计过程中的计分环节要用到变量的知识，原本艰涩的定义以一个个具体分数呈现出来后，孩子一下子就"看到了"变量的意义。

培养孩子的学习能力永远比教会他知识点更加重要，无论乐高还是编程，都是极佳的思维训练方式，能帮助孩子打开通往未来世界的大门。乐高更侧重于锻炼观察力和想象力，编程更侧重于锻炼逻辑及解决问题的综合能力，所以二者对孩子潜质的要求也有所不同。

二、如何判断孩子是否具有学乐高、编程的潜质

父母在辨别孩子是否具有学习乐高和编程的潜质时，主要参考以下两点。

第一点：数理逻辑智能。

数理逻辑智能不仅能影响孩子的逻辑能力，也能影响孩子的语言能力，所以数理逻辑智能强的孩子不仅思维敏捷，语言表达能力也很强，是演讲和辩论高手。

但由于这类孩子语言能力强，所以他们遇事更喜欢动嘴而不愿动脑。

在学习中他们有可能并不愿意挑战难题，更喜欢待在舒适区做自己熟悉的事情，遇到困难时他们也更喜欢寻求别人的帮助，请教别人，而不是自己琢磨。

在乐高或编程的课堂上，这类孩子更喜欢找规律，总是力求寻找问题的最优解，而且很容易形成一套自己的解题思路，所以他们通常能将任务完成得又快又好。但这类孩子的缺点是有可能创新能力不足，他们喜欢从已有的经验中去寻找规律，并将其变成自己的能力，当他们碰到特别困难的挑战时会因为怕麻烦而放弃。

第二点：视觉空间智能。

视觉空间智能强的孩子也许平时话不多，语言表达能力不强，但往往学习成绩很好且喜欢玩益智类游戏，有些孩子还是围棋或国际象棋高手。比起动嘴他们更喜欢动脑，也不喜欢循规蹈矩，甚至会对某些规矩或要求视而不见。他们也许并不是有意地违背老师的要求，只是他们会本能地进行创新。

这类孩子的缺点是不善言谈，不愿意寻求他人的帮助，有时候这种缺点可能会导致孩子做无用功，花费大量时间去探究一些已经有答案的问题。但即便如此，父母和老师也最好不要强迫这类孩子按照常规方法学习或解决问题，以免扼杀他们的想象力。

数理逻辑智能强或视觉空间智能强的孩子都十分聪明，如果能针对性地对孩子进行刻意训练，让这两个智能得到充分、均衡的发展，那么这两类孩子都有可能成为数学小天才。乐乐的爸爸之所以笃定地给孩子选了乐高课和编程课，正是因为乐乐在日常生活中已经表现出在这两项智能方面的骄人天资。

即使孩子的这两项智能都很弱，也可以学习乐高和编程课程，因为这两门课程可以起到补弱的作用。数理逻辑智能和视觉空间智能对孩子的数学学习非常有帮助，如果孩子不抗拒这两门课程，父母也可以为孩子报相关兴趣班，并在孩子学习的过程中多鼓励他们，让孩子通过学习补足自己的短板。

天赋小随堂

你的孩子适合学习乐高和编程吗？			
多元智能	特征	是	否
数理逻辑智能	孩子是否具有较强的语言表达意愿和能力？		
	孩子看问题是否能有辩证的视角，能看到正反两方面？		
	孩子是否有很强的归纳总结能力？		
视觉空间智能	孩子是否喜欢益智类游戏？		
	比起请教他人，孩子是否更乐意独立思考？		
	孩子是否对建筑及空间布局感兴趣？		

针对以上6个特征，请父母仔细观察孩子，并根据孩子的表现在"测试表"的"是"或"否"栏内画"√"。

如果你的孩子在数理逻辑智能方面基本符合两个以上特征，那么你可以为孩子选择编程兴趣班；

如果你的孩子在视觉空间智能方面基本符合两个以上特征，则建议给孩子选择乐高兴趣班。

第 2 章

为什么你的孩子怎么教都学不会

——因材施教的12个方法

"为什么怎么教，孩子都学不会？"这是父母在辅导孩子学习过程中经常出现的问题。之所以出现这样的问题，是因为父母不会教。换言之，父母没有找到适合孩子的教育方式。正如中国古代著名教育思想家孔子所说"有教无类"，要"因材施教"。因材施教的前提是科学识才，辨识出每个孩子的优势智能，找到最适合孩子的学习通道。一旦做到这一点，父母会惊喜地发现，每个孩子都是可以培养的。

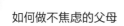

"崩溃式"辅导孩子，你焦虑了吗

如今，"辅导孩子作业"成了一件令父母崩溃的"苦差事"。据有关新闻报道，有的父母在辅导孩子写作业时需要准备速效救心丸；有的父母为此互相指责，引发家庭冲突……在形容辅导孩子做作业的场景时，很多父母都无奈地表示"上一秒母慈子孝，下一秒鸡飞狗跳"。

为了辅导好孩子的作业，父母"八仙过海，各显神通"。据《丹阳日报》报道，江苏一位年轻妈妈李姜华，为了更好地辅导孩子作业考取了小学教师资格证，成了"被孩子'培养'出来的人民教师"；还有一位妈妈为了辅导女儿英语，每天和女儿一起记单词、背句子，晚上说梦话都在说英文……此类例子不胜枚举。

一、"孩子学不会"是父母教的方法不对

让"辅导孩子作业"成为父母眼中"苦差事"的源头无他，其主要原因便在父母身上。

环境的影响是其中一个因素。大多数父母信奉"不能让孩子输在起跑线上"，于是超前教育、盲目跟风成为孩子教育问题上的常见现象。如果孩子1岁还没有开始读绘本，2岁还没有开始学英语，3岁还没有启蒙数学思维……那么父母便开始焦虑，担心自己的孩子落在"大部队"的后面。如果邻居的孩子在学钢琴，亲戚的孩子在学美术……父母也会着急，于是

马不停蹄地给自己的孩子报类似的兴趣班。但孩子面对远高于自己认知水平的内容，或者完全不适合自己的才艺，会学得非常痛苦，父母也辅导得很艰难，双方都会感到焦虑和烦躁。

除了外在环境的影响，不少父母之所以感到焦虑，更核心的原因是无论父母怎么教，孩子都"学不会"。

网上曾经流传过这样一个笑话：98%的父母认为孩子比自己笨，但是，100%的父母都认为孩子笨主要是孩子的责任，因为父母已经将自认为正确的学习方法倾囊相授。但这些"正确的方法"也许来自父母的自身经验，也许来自"学霸"的分享指点，它并非真的适合每个孩子。

不同的孩子有不同的学习类型。**学习类型决定了个体的最佳学习通道，即最事半功倍且适合自己的学习方式，**具体可以分为三大类，如图2-1所示。

图2-1 孩子的三大学习类型

"视觉型"又称"读者型"。"视觉型"孩子要么观察分辨和图像记忆能力较强，要么整体通读和概览能力强。这类孩子擅长"阅读"信息，用眼睛"看"是对于他们而言最有效的学习方式。

"体觉型"又称"触觉型"或"操作型"。"体觉型"孩子要么精力无限，耐力极佳，要么肢体灵活，喜欢手舞足蹈。这类孩子擅长"触摸"信息，身体力行地"感受"是对于他们而言最有效的学习方式。

"听觉型"又称"听者型"。"听觉型"孩子要么听觉记忆好,语言接受效率高,要么辨音听力强,长期记忆好。这类孩子擅长"听取"信息,用耳朵"听"是对于他们而言最有效的学习方式。

二、找准孩子的学习类型,每个孩子都可能成为学霸

不少父母也许感到疑惑:孩子的学习类型会怎样影响孩子的学习方式和方法呢?

我有一位毕业于清华大学本硕博连读的朋友,作为一位货真价实的"学霸"妈妈,她的听觉能力强,耳朵极为灵敏,所以她从小摸索出的学习方法只有一个字:听。

学生时期的她习惯于大声朗读公式、课文,总能轻松记住知识点。直到现在,她仍然充分应用自己在"听"上的优势,经常使用互联网平台听音乐、听书、听课。

这位"学霸"妈妈根据自身经验在辅导女儿学习上下足了功夫。她给孩子买了许多音频课程,耐心指导孩子完成每天的背诵作业,教孩子朗读方法,并且陪伴、监督孩子背诵。可让她颇感无奈的是,女儿似乎总是不"开窍",虽然反复背诵,但就是记不住。

从表面上看,是"学霸"妈妈遭遇了"学渣"[1]孩子,可事实并非如此。妈妈的学习方法之所以对自己有用,是因为她听觉能力强,在学习类型上属于"听觉型"。但妈妈并未意识到女儿显然并不擅长"听",只是将自己的经验生搬硬套到了孩子的身上,这种与孩子能力并不匹配的辅导方式,又怎么会产生好结果。

这位"学霸"妈妈说:"我曾以为自己一定可以引领孩子踏上学习的'康庄大道',但后来发现,我眼中的'康庄大道'并不适合孩子。"她终于明白,不能勉强孩子走自己认为对的路,而是要为孩子找到适合他自

---

1. 学渣,与学霸相对,是学习不理想的学生对自己的一种自嘲。

己的路。

经过探讨，我和这位妈妈发现她的女儿视觉能力相对较强，更适合用"看"的方式来学习。妈妈迅速调整了辅导方式，效果立竿见影，她的女儿也发自内心地爱上了学习且成绩逐渐稳定。这位妈妈感慨道："'因材施教'四个字我从小学起就认识，但它真正的含义却是女儿教给我的。"

这个案例告诉我们，虽然有天生的"学霸"，但没有天生的"学渣"。不同的孩子学习类型不一样，有的孩子适合"听"，有的孩子适合"看"，有的孩子适合"做"，有的孩子需要"名师引路"，有的孩子依靠"题海战术"……父母只要找准孩子的学习类型并进行针对性训练，每个孩子都有可能成为"学霸"。届时，辅导孩子学习将不再是一件难事，父母的焦虑也就自然得以大大缓解。

天赋小随堂

学习类型认知

1. 教育不能"跟风"

反省自己有没有对孩子进行超前教育；

是否其他孩子学什么，自己的孩子就跟着学什么。

2. "孩子学不会"很可能是教的方法不对

孩子的学习类型分为三种：视觉型、体觉型、听觉型，不同类型的孩子适合的学习方法各有不同。

3. 找准孩子的学习类型，每个孩子都可能成为学霸

没有天生的"学渣"，但前提是父母要找准孩子的学习类型并进行针对性训练。

孩子做题一错再错，怎么"破"

"跟你说几遍了，怎么还错？！"

这是大多数父母在面对孩子犯错时的口头禅，几乎每个父母都会因为孩子不长记性、一错再错而感到恼火。

6岁的云朵是位漂亮、文静、认真的小姑娘，然而没想到的是，入学后的第一次考试云朵便犯了许多粗心大意的小毛病：比如把"6"看作"9"；题目在问西瓜的数量时她却多加上了草莓的数量等。一开始妈妈觉得这是小问题，便只是简单叮嘱，谁知下次考试，云朵又犯了同样的错误，这下气得妈妈罚她将"认真"两个字抄写了20遍。

同样的难题也难住了邻居，两位无助的妈妈便时常在一起吐槽孩子，她们想不通，俩孩子看起来聪明又懂事，怎么一到学习上就这么不用心。

一、一错再错未必是孩子不用心

事实上，一错再错不一定是孩子不够用心，**这种一错再错的状况其实和孩子的多元智能有关，同样的一错再错，成因也并不一定相同，它们主要涉及孩子对"听"的敏感、对"看"的敏感，以及举一反三和长期记忆能力。**

情况一：真听不见。

听觉能力强的孩子能高效地吸收和记忆耳朵听到的信息，相反，听觉能力弱的孩子则会对他人说的话不敏感，对于这类孩子，父母和老师口头表达的一些要求他们有可能真的没有注意听。

这一点不光会出现在孩子身上，有些成年人也一样。我曾与一对父母交流，爸爸抱怨妈妈总是不记事，常常刚说过的话妈妈复述了几句便难以继续，信息总是不完整。

情况二：真看不见。

有的人天生心思细腻，有的人行事大大咧咧，这种反差很多时候体现在"看"这一点。视觉能力差的孩子，突出的表现是粗心大意，比如写作业时错字连篇，考试时错题漏题等。我曾经接触过一个极端案例，孩子在数学考试时竟然看漏了整整一列口算题。

情况三：真记不住。

当孩子关联记忆差时，他往往不太懂得举一反三，由此带来的影响是他的长期记忆也明显更弱。这类孩子最大的特点便是虽然可以做到完整、准确地复述刚刚听到的信息，但一段时间之后便会忘记，学习上同样听得快，忘得快，同一个题型，只要细节发生了变化在他眼里就是全新的题目。

二、父母应该如何解决孩子的一错再错

由于"一错再错"往往有不同的成因，父母需要先仔细观察孩子，以便于能对症下药，针对上述三类情况，父母可以参考以下三种方法对孩子进行引导。

真听不见：慢说、细讲+复述。

若孩子确实听觉能力弱，属于"真听不见"的类型，父母需要更有耐

心地面对孩子，沟通交流时说话语速可以更慢一些，言辞更详细一些，最好能通过让孩子复述来确认他是否准确接收到了父母的要求。尤其需要注意的是，父母在为孩子选择课外辅导时不必追求名师，因为名师的教学方式往往侧重于对关键点的点拨，注重学习方法和学习效率，这种教学模式适合一点就透的孩子，对于听讲效率低的孩子并不是好的选择。

这类孩子在学习上虽然通常展现出听讲不专注的特点，但往往记住了便能长时间不忘，并且擅长将多个知识点进行关联，加以应用。这种能力恰恰对解答难题有十分关键的作用，因此这类孩子经过合适的引导往往会是挑战数学难题的高手。

对这类孩子父母辅导的诀窍在于细教慢讲，让孩子一次学会。具体而言就是确保课程的进度能让孩子在听讲时跟上节奏，一次性听明白，如果因为追求效率而对孩子大量灌输知识信息，最终就像向进水口小的水库采取大流量的"注水"，往往只能得到事倍功半的结果。

真看不见：视觉规范是重点。

对因为视觉能力弱导致"真看不见"的孩子，父母最需要做的便是提高重视度。许多父母觉得孩子马虎点不是大事，只要知识点学会了就可以。但无论在学习中还是日后的工作中，马虎往往是影响效率与结果的最大隐患。

父母要对孩子进行系统的视觉训练，让孩子从小养成良好的学习习惯。比如在解决审题错漏字的问题时，可以训练孩子划题干，让他们圈出关键字词、运算符号、提问细节等多项信息。这样可以强化他的视觉认知，提高对关键信息的敏感度。

再如，看书时引导孩子标记重点，完成读书笔记；要求孩子答题时使用草稿纸从上到下依次书写；提醒孩子在答题结束时对照草稿详细检查等。

不要小看这些琐碎的训练，很多孩子不好的习惯短期内似乎也没影响学习成绩，但越往后，需要面对的学习问题便越来越多、越来越难，在错失了最佳调整期后，马虎大意的习惯便很难改正。

真记不住：题海战术也有可取之处。

对"真记不住"的孩子，通常题海战术是最好的训练方法，在避免过度疲劳的前提下，通过大量、反复的练习往往可以帮助孩子将知识点学会并吃透。

需要注意的是，在选题和做题时父母应时刻了解孩子对知识点的掌握情况，避免让孩子反复多次地针对简单知识点做相同的题。父母一旦确认孩子已经掌握了某种知识，就要开始鼓励孩子做变形题，通过广见题型拓宽孩子的思路，让孩子在做题过程中提升举一反三的能力。

同时，对"真记不住"的孩子，父母也可以结合孩子的其他优势对孩子进行合理的训练，具体技巧如图2-2所示。

视觉能力强
父母可以引导孩子结合思维导图绘制知识点之间的关联关系，以便增强孩子的理解和记忆

听觉能力强
父母可以多创造与孩子讨论的机会，以此帮助孩子加深对知识点的理解和记忆

体觉能力强
父母可以多为孩子创造亲手操作的机会，让他们在体验中感受、学习与记忆

图2-2 三类不同优势下父母对孩子进行刻意训练的技巧

天 赋 小 随 堂

能力	特征	是	否
	你的孩子如何摆脱"一错再错"？		
听觉能力	孩子在听讲时是否心不在焉，很不专注？		
	孩子对听到的信息是否不能准确记忆并复述？		
	对之前说过的事情，孩子是否过一段时间就忘记了？		
视觉能力	孩子是否非常粗心大意？		
	孩子是否字迹潦草，容易错字漏字？		
	孩子看书是否囫囵吞枣，忽略细节？		
关联记忆能力	孩子在日常生活中是否善于举一反三？		
	孩子在学习中是否能触类旁通？		
	孩子对发生很久之前的事情是否依然记忆犹新？		

以上9个特征分属于3个类别，请父母仔细观察孩子，并根据孩子的表现在"测试表"的"是"或"否"栏内画"√"。

如果你的孩子在任一类别中基本符合两个以上特征，那么孩子一错再错的原因就基本确定，可根据相应的方法进行调整。

孩子学习效率低，怎么提高

"这个孩子不但爱学习，而且会学习。"是老师对孩子学习能力、学习效率的最高评价，这里的"会学习"是孩子能摸索出最适合自己的学习方法。通过观察我们很容易发现，成绩好的孩子几乎都是会学习的孩子。

丁丁从小拥有"火眼金睛"，妈妈找不到东西时，请丁丁出马十有八九可以快速找到。丁丁识字又快又多还喜欢阅读，一摞摞的书开阔了他的眼界。上小学后丁丁每节课都会认真地记笔记，回家后还会浏览笔记复习当天所学的知识。

中小学阶段背诵任务繁重，很多孩子完成背诵作业时都需要父母帮忙检查背诵的内容是否准确，但丁丁却可以独自解决背诵作业，他采用的方式是默写，先将部分难点抄写一两遍并进行记忆，等记住后再默写下来。

就连解答复杂的数学口算题时，他也采取在脑海中"写"的方式进行演算。大脑对于丁丁而言，就像一个屏幕，他可以直接在上面列算式然后计算出结果。丁丁的成绩一直名列前茅，同学们都认为他是过目不忘的天才，对他十分佩服。

丁丁确实聪明，他的聪明之处在于察觉到自己的优势在"看"，并顺应优势采用了适合"视觉型"孩子的学习方法。

一、"视觉型"孩子，通读概览能力或细节抓取能力强

学习是一个从"输入"到"输出"的过程。孩子的输入通道分为三种，也称为三种信息接收模式，即上文提到的"视觉型""听觉型""体觉型"，很少有人能通过后天努力彻底改变自己的学习类型。

丁丁的输入类型是"视觉型"，又称为"读者型"。**视觉型的孩子要么整体通读和概览能力强，可称为"概览读者型"；要么观察分辨和图像记忆能力强，可称为"细节读者型"**。两类"视觉型"孩子的具体表现也各不相同。

通常来说，通读概览能力会对孩子的阅读能力产生重要影响。所以**在多元智能当中，通读概览能力也叫快速阅读能力**。孩子的通读概览能力越强，越有可能具备一目十行的本领。

在学龄前阶段，"概览读者型"孩子喜欢看色彩鲜艳的绘本；学龄后阶段，他们更偏爱带有插图，或者图片展示为主的百科全书类书籍。但这类孩子如果细节抓取能力弱，会导致看书囫囵吞枣，看得快却抓不住重点。当父母或老师问一些细节性问题时，他们很有可能无法回答。

细节抓取能力在多元智能中称为视觉辨识能力。该能力强的孩子比较注重细节。他们是天生的"识字大王"，在非常小的时候就表现出对汉字感兴趣。即便父母并没有刻意教导，他们也能很快掌握。

"细节读者型"孩子对图像过目不忘，看书时特别喜欢玩"找不同"，对环境中的变化十分敏感。但如果这类孩子的快速阅读能力弱，往往会过于注重细节，容易因小失大，比如看书时一字一句地读，导致阅读速度过慢，进而逐渐对当前阅读的书失去兴趣，很难坚持读完一整本书。

总体而言，"视觉型"孩子是优质的自学者，在学习速度上"看"可以达到"听"和"做"的三倍，所以"视觉型"孩子通过"看"进行学习效率更高。在学习中，父母一旦发现孩子属于"视觉型"学习者，就要引

导孩子更多采用"看"的方式来学习。

二、"视觉型"孩子的具体学习方式

由于"视觉型"孩子擅长"阅读"信息，用眼睛"看"是最有效的学习方式，因此父母可以采用以下三种方法引导"视觉型"孩子学习。

第一，写下来，圈出来。

据说，欧洲古典主义作曲家贝多芬特别喜欢写随身小抄，但写完后他不会再看。对此，贝多芬的解释是："只要马上写下来，我就永远不会忘记，所以不用再看一遍。"经验丰富的老师也会发现，有的孩子必须把重要的东西写一遍才能记住，这就是"视觉型"孩子的第一个学习方式：写下来。

父母除了引导"视觉型"孩子把重要的知识写下来，还可以引导他们在阅读时用不同颜色的笔或不同形状的字符做标注、划重点，以帮助他们掌握重点，增强记忆。他们写下的东西会刻在脑海中，以供后续随时调取。

第二，定时、定量阅读。

"视觉型"孩子要在学习中充分发挥阅读能力强的优势。这类孩子在阅读时特别容易产生场景联想，所以阅读质量很高。定时、定量阅读对培养他们的阅读习惯，拓宽他们的知识面有很大帮助，孩子年龄越小这个方法见效越快。

曾经有一位爸爸就孩子的阅读问题向我咨询，当时他在美国出生长大的儿子七岁，才回国不久。这位爸爸十分重视阅读，也急于提升儿子的中文阅读能力，但令他烦恼的是儿子不喜欢看书。

通过详细沟通，我判断问题并不在于孩子的阅读能力及家庭的阅读氛围。于是我仔细查看了爸爸为儿子列出的阅读清单，原来这位爸爸所选书籍的阅读难度远远超过了孩子的能力范围，孩子的中文水平较低，年龄也较小，根本看不懂爸爸所选书籍的内容，因此十分排斥看书。

由此可见，父母在为孩子设定阅读的难度和范围时要注意循序渐进，否则容易适得其反。

第三，费曼学习法。

费曼学习法即让孩子成为老师，将他所看所学的知识教给他人，通过"输出"强化"输入"。孩子"讲课"的过程是强化知识的过程，对"视觉型"孩子来说这是提升学习效率的最有效方法。

父母在帮助孩子实施费曼学习法时同样需要遵从循序渐进的原则。父母最开始只需要求孩子能概括大意，随着孩子归纳总结能力的提高，父母可以开始要求他对细节进行描述。当孩子的讲述更加完整饱满之后，再训练孩子叙述的逻辑性。

父母如果能和孩子同步学习并进行讨论，孩子就可以在费曼学习法的基础上收效显著。不过需要提醒父母的是：一定要以平等的心态与孩子对话，当你觉得孩子描述得不够完整、具体，逻辑不够严谨的时候，可以通过自己的表述让孩子学习更好的描述方式，这种做法比打断孩子、批评孩子要更有效。

此外，"视觉型"孩子的父母一定要做到言传身教，用自己的语言行为为孩子做出正确示范。因为这类孩子非常善于模仿，而且容易受到杂乱环境的干扰，父母应该让家中环境保持整洁、干净，物品摆放有序。

有些"视觉型"孩子的听觉能力较弱，有可能跟不上老师讲课的节奏，父母要督促孩子在家复习和自学。但也因为善于自学，"视觉型"孩子容易沉溺于自己的世界，且随机应变能力较弱，父母应多多引导他们参加更多种类的活动，有意识地锻炼其应变能力。

天 赋 小 随 堂

你家孩子的学习方式是视觉型吗？			
能力	特征	是	否
通读概览能力	孩子在学龄前阶段是否喜欢色彩鲜艳的绘本？		
	孩子在学龄后阶段是否偏爱带插图，或者以图片展示为主的百科全书类书籍？		
	孩子看书时是否囫囵吞枣？		
细节抓取能力	孩子是否注重细节？		
	孩子阅读速度是否过慢，而且很难坚持读完一本书？		
	孩子是否在年龄很小的时候就表现出对汉字的兴趣？		

针对以上6个特征，请父母仔细观察孩子，并根据孩子的表现在"测试表"的"是"或"否"栏内画"√"。

如果你的孩子基本符合4个以上特征，那么孩子属于"视觉型"，你可以通过记笔记，定时、定量阅读，费曼学习法这三种学习方法提高孩子的学习成绩。

孩子上课容易走神，怎么解决

对于父母来说，辅导孩子写作业使人崩溃，孩子上课走神同样让人心焦。

刚上一年级的安安第一次数学考试就不及格，安安妈妈收到成绩通知的那一刻，感到既生气又着急。妈妈与老师沟通后得知安安上课时经常走神，她回想了片刻，原来儿子有时向她描述小鸟的叫声甚至不同汽车驶过的声音，都是在上课时听到的。

安安的听觉能力的确一直很好，四岁时妈妈带他去看的电影，半年后再次听见那部电影的主题曲时，安安也能马上识别出来。安安就读的幼儿园是双语幼儿园，园内开设了英语课并配备了外教，由于和外教交流的机会多，安安的英语发音十分地道。可是进入小学后，妈妈认为学习成绩才是最重要的，安安的学习成绩太差，其他方面再优秀也没用。

但是我却认为安安具有学霸潜质，从安安的种种表现上看，他是一个"听觉型"孩子，在我国教育环境下，孩子主要的学习途径就是听讲，孩子听觉能力强就很容易成为学霸。

一、"听觉型"孩子要么听觉记忆强，要么辨音听力强

"听觉型"又称"听者型"，"听觉型"孩子要么听觉记忆强，语言接收效率高，可称为"短期听觉型"；要么辨音听力强，长期记忆力强，可称为"长期听觉型"，如图2-3所示。

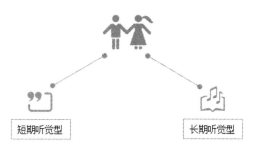

短期听觉型　　　　　　　　　长期听觉型

图2-3　"听觉型"孩子的两种类型

"短期听觉型"孩子通常是妈妈的小帮手，妈妈希望他们做的事情只需要说一遍，他们就会准确做到。这类孩子的表达能力较强，一般较早就学会说话了，词汇量大且说话绘声绘色，十分擅长讲故事。因为对语言敏感，这类孩子无论小时候听故事还是长大后听讲，都十分专注，上课听讲效率极高。

但这类孩子如果长期记忆不佳，即便吸收得快，遗忘得也会很快，未必擅长举一反三，在英语学习上会表现出听力好、写作差，尤其是拼写错误连篇的特点。在数学学习上的表现则为课堂上都能听懂，回家做题时只要题目稍有变化就会出错。

"长期听觉型"孩子则在古诗词、朗诵、背诵等有旋律的发音学习方面有先天优势，在英语发音上也很出色。而且他们长期记忆能力较强，擅长举一反三，很久之前发生的事情也不会忘记。

不过，这类孩子如果在短期记忆上不占优势，听课质量就可能较差。外在表现为似乎听不见他人说话，或者在课堂上左顾右盼，对老师说的话充耳不闻。如果长时间听音频类课程会发呆、走神，因此英语听力对他们来说是个难题。我认识一位英语成绩不好的孩子，父母曾在暑假期间将他送到国外学习一段时间，以期提升他的英语水平，但因为孩子天生对语言不敏感，最终并未达到父母的预期。

如果"视觉型"孩子是"目明"，那么"听觉型孩子"就是"耳聪"。父母一定要引导孩子发挥优势，优先采用"听"的方式学习。

二、"听觉型"孩子的具体学习方法

由于"听觉型"孩子擅长"听取"信息，适用于他们的学习方法有以下三种。

第一，从小开始灌耳音。

无论是乐曲、故事或诗词，父母需保证每天不少于20分钟的播放，即灌耳音。这种方法对孩子的大脑发育有很大帮助，他们会在不知不觉中表现出超强的记忆力。

我认识一位小女孩，她从一两岁起就喜欢听儿歌，父母非常明智地顺应了这一特点，每天坚持为她播放英文儿歌音频。结果孩子上幼儿园后，英语学习如鱼得水，四岁半参加英文演出时，一口漂亮的美音[1]让人赞叹。所有人都以为她的英语是父母教的，但她父母的英语水平并不高，孩子学习英语全靠"听"。

第二，"讲给他听"+"大声朗读"。

"视觉型"孩子擅长自学，"听觉型"孩子则更善于听讲，也更需要父母的辅导。当孩子碰到难题时不要一味地要求他自己看书，看例题，而是要讲解给他听。并且父母应鼓励孩子大声朗读，让知识以声音的形式进入孩子的脑海，这一方法将帮助孩子加深对内容的理解。时下流行的各种音频类课程非常适合"听觉型"孩子。

第三，以"听"为入口，建立优势学科。

对于"听觉型"孩子来说，英语中的听力与语文中的古诗词较容易成为其优势单项，因为英语学习由听力入门，而古诗词学习则以听和诵读为关键，两者都能更好地发挥"听觉型"孩子的优势。

当然，"听觉型"孩子也有自己的劣势。首先，"听觉型"孩子对声音过于敏感，所以很容易因噪声干扰而走神。虽然"短期听觉型"孩子拥有较强的听讲能力，但他们也容易在听懂后分心。所以父母要尽量给孩子营造安

---

1. 美音，即所说英语口语为美国口音。

静的学习环境，如果无法做到，利用降噪耳机[1]隔离杂音也是不错的方法。

其次，"听觉型"孩子遇到问题常常选择询问而不是自己思考，尤以"短期听觉型"孩子为典型。父母应当引导他们自行查找资料，培养孩子独立解决问题的能力。

再次，"听觉型"孩子不适合"照本宣科"，父母可以为他们提供更多临场发挥、随机应变的机会，不必强求孩子提前准备。

最后，"听觉型"孩子喜欢被他人鼓励与表扬，对此非常敏感，父母应善用鼓励与表扬。但需要注意的是，父母应表扬其行为与品格，而非事情的结果。

天 赋 小 随 堂

你家孩子的学习方式是听觉型吗？			
能力	特征	是	否
听觉记忆能力	孩子是否具有较强的短期记忆力？		
	孩子是否具有较强的表达力，说话早，词汇量大？		
	孩子在课堂上是否具有较强的听讲能力？		
辨音听力能力	孩子是否喜欢听音乐？		
	孩子是否具有较强的长期记忆能力，且善于举一反三？		
	孩子是否擅长辨别声音，很多歌曲听几次就能完整演唱？		

针对以上6个特征，请父母仔细观察孩子，并根据孩子的表现在"测试表"的"是"或"否"栏内画"√"。

如果你的孩子基本符合4个以上特征，那么孩子属于"听觉型"，你可以通过从小开始灌耳音；"讲给他听"＋"大声朗读"；以听为入口，建立优势学科这三种学习方法提高孩子学习成绩。

---

1. 降噪耳机是指利用某种方法达到降低噪声的一种耳机。

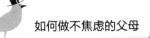

孩子注意力难集中，怎么办

　　带孩子的辛苦与难处，为人父母者最清楚。那些顽皮、好动的孩子更是父母的"噩梦"。好动的孩子精力无限，一刻也静不下来，父母不得不一直将注意力放在他们身上，而由于好动的孩子通常注意力难以集中，他们的学习成绩也让父母感到头疼。

　　叶子就是一个十分好动的孩子，精力旺盛的她从小就没有午睡的习惯，常常把全家人折腾得精疲力尽。如今小学四年级的她看上去乖巧文静，却是个名副其实的足球健儿。每周叶子都要参加三次足球训练，每次训练结束后她还能继续在院子里疯跑两个小时。

　　虽然叶子在运动方面十分出色，但在小学低年级时，她的学习成绩却一直"垫底"，这让妈妈感到十分苦恼。叶子的妈妈曾为此向我寻求建议，我告诉她："叶子是一个典型的'体觉型'孩子，她有很大潜力，只要用对学习方法，她的学习成绩一定会提高。"

一、"体觉型"孩子热衷体育运动

　　"体觉型"又称为"触觉型"，或者"操作型"。"体觉型"孩子要么精力无限、耐力极佳，可称为"耐力体觉型"；要么肢体灵活，喜欢手舞足蹈，可称为"灵活体觉型"。两类"体觉型"孩子的共同特征是热衷体育运动，但在学习上的表现并不相同。

"耐力体觉型"孩子在学习上的突出表现为抗压性强，发挥稳定，爆发力强，善于冲刺。在中考、高考等压力大的冲刺阶段，这类孩子的优势反而越突出，越有可能"后来居上"，有些平时成绩很一般的孩子甚至会在高三阶段冲进班级成绩排名的前十位。

　　叶子也是一名后来居上者，随着年级越来越高，她的成绩果然如我预期那样越来越好。她总是坦然面对学习的苦累与压力，从不抱怨。和叶子一样的"耐力体觉型"孩子能在竞争激烈的环境中游刃有余，因为他们遇强则强，不畏惧挑战，有强烈的竞争意识。

　　但是"耐力体觉型"孩子也有缺点，他们在低年级阶段经常会因为精力旺盛而导致上课时心不在焉。由于热爱运动，他们一旦感觉到课堂无趣就会失去兴趣。在早期知识较为简单的情况下，他们的毛躁特点非常突出，时常不屑于踏踏实实地做作业，很容易因粗心大意而犯错。

　　"灵活体觉型"孩子在学习上的突出表现是动手能力强，身体协调性好。他们有的心灵手巧，擅长手工、绘画、雕刻等艺术类项目；有的性格严谨、细腻，擅长物理、化学、生物等科目的实验操作；有的乐于钻研，对乐高、航模、无人机等十分感兴趣。这类孩子的运动天赋往往超越常人，他们打球时健步如飞，练习艺术体操时平衡力绝佳，跳舞时动作优美。

　　"灵活体觉型"孩子的弱点是"坐不住"，不是爬高窜低就是左顾右盼，总是没有安静的时候。比如有的孩子上课时喜欢转笔，这正是"坐不住"的突出表现，这类孩子最容易被误判为"多动症"。

　　总体来说"体觉型"孩子是实干派，他们潜能极佳，一旦专注于某件事情便会坚持不懈、厚积薄发，因此他们一般会有比较好的发展。在学习的引导方式上，父母应根据这类孩子的特点，找到适合他们的学习方法。

二、"体觉型"孩子的具体学习方法

"体觉型"孩子擅长"触摸"信息，对他们来说，身体力行地"感受"是最有效的学习方式。适合"体觉型"孩子的四种学习方法，如图2-4所示。

图2-4　适合"体觉型"孩子的四种学习方法

第一种：动起手来。

"体觉型"孩子喜欢在动手过程中学习，所以亲身体验和操作对他们来说是最有效的学习方法。虽然孩子上课时不能离开座位随意乱动，但他们的手可以动起来，如记笔记、划线、演算等。如果老师要求上台演示，孩子也可以主动参与。

传统的学校教育留给孩子的动手机会不多，父母可以在课后为孩子创造动手实操的机会。凡是能够动手实操的知识点，父母均可以让孩子亲自演练一番。动手实操看似只需要简单地动手，其实它需要多种感官的协调配合，这种配合可以让孩子在体验中更深刻地理解与记忆。

动手实操可以帮助孩子形成肌肉记忆[1]，而肌肉记忆一旦形成便很难遗忘，因此"体觉型"孩子在运动和学习方面都有独特的优势。有条件的父母不妨多引导孩子动手实操，多带孩子到户外学习，让孩子亲身感受知识。

---

1. 肌肉记忆（Muscle Memory），是指肌肉具有记忆效应，同一种动作重复多次之后，肌肉就会形成条件反射。人体肌肉获得记忆的速度十分缓慢，但一旦获得，其遗忘的速度也十分缓慢。

第二种：先运动，后学习。

"耐力体觉型"孩子每天放学后最好先运动后学习。这类孩子精力旺盛，学校里的每日运动量对他们来说根本不够，如果放学回家后马上开始学习，他们会无法集中注意力，进而导致学习效率降低。最好的解决办法是"先动后学"，即让孩子先运动1小时再开始学习，如果父母限制了"先动"，孩子的先天优势将难以发挥。

父母需要注意的是，玩耍不等同于运动，规律地运动1小时能够让孩子释放多余的精力，但无拘无束地玩耍1小时，却可能加速分散孩子的注意力，更不利于之后的学习。

第三种：善用激励。

"灵活体觉型"孩子通常具有敏锐的触觉、味觉、嗅觉、痛觉等，他们时常眉飞色舞、手舞足蹈、痛哭流涕，是十足的"戏精"。这种特点同样代表他们很容易被激励，因此父母可以多给"体觉型"孩子一些正向激励，增强孩子的行动力。

"灵活体觉型"孩子在与人相处的时候十分热情，喜爱握手、拥抱、击掌等肢体接触，感染力很强。他们具有较强的领导潜能，有能力成为一个有责任、有担当、有号召力的小领袖。父母应该鼓励"体觉型"孩子参与团队项目，激励他们在团队中发挥自己的感染力和影响力。

"灵活体觉型"孩子不仅肢体好动，情绪也容易激动，父母要注意识别他们的情绪，尽量避免给他们贴上"多动症"或"不听话"的标签。这类孩子学习时比较重视身体的舒适感，父母不必强行要求他们规矩地坐在椅子上，比如父母可以允许孩子边走动边背书。最重要的是，父母在教育"体觉型"孩子时应以身作则，以免孩子有样学样。

第四种：番茄钟法。

番茄钟法是一种简单、易操作的时间管理方法。运用番茄钟法时，我们可以为自己设定一个番茄时间，并在这段番茄时间内专心工作或学习，不做任何与工作或学习无关的事，直到番茄时间结束。同时我们还要设定一段番茄休息时间，以便在番茄时间的间隙进行短暂的休息。

父母可以帮助孩子将学习时间切割成若干段番茄时间，低年级孩子的番茄时间以25分钟为宜，高年级孩子的番茄时间以1小时为宜，这种方法可以让孩子在短时间内专注、高效地学习。实施番茄钟法时，孩子的学习内容可以适当变化，比如书写、背诵、手工等内容交替进行。

天 赋 小 随 堂

你家孩子的学习方式是体觉型吗？

能力	特征	是	否
肌肉耐力	孩子是否抗压性强，发挥稳定？		
	孩子是否爆发力强，善于冲刺？		
	孩子是否不畏惧挑战，竞争意识很强，总是希望能拿冠军？		
肢体协调能力	孩子是否动手能力很强？		
	孩子是否坐不住，不容易安静下来？		
	孩子学习时是否喜欢转笔、抖腿、左顾右盼？		

针对以上6个特征，请父母仔细观察孩子，并根据孩子的表现在"测试表"的"是"或"否"栏内画"√"。

如果你的孩子基本符合4个以上特征，那么孩子属于"体觉型"，可以通过动起手来；先运动，后学习；番茄钟法；善用激励这四种学习方法来提高孩子学习成绩。

孩子"坐不住"，怎么训练

　　探索在教育理念前沿的父母一定听说过"STEAM"，这一理念起源于美国，五个字母分别代表着科学（Science）、技术（Technology）、工程（Engineering）、艺术（Arts）及数学（Mathematics），该理念最显著的特点便是倡导跨学科学习，尤其重视实践操作。在国内不少中小学和教育机构也开始探索STEAM课程，这让许多"坐不住"的孩子迎来了自己大展身手的好机会。

　　小海是个从小爱"动手"的淘气孩子，家里无论多复杂、珍贵的东西都能被他拆得七零八落。课堂上他总爱东张西望，在家里写作业也难以专心，爸爸妈妈用尽方法都不见改善，班级老师也对他束手无策。

　　偶然的一次机会，小海近距离体验了一次简单的科学实验。整个体验过程中，小海不但全程聚精会神，还自告奋勇上前帮忙。回家后他反复回顾，神采奕奕地向父母复述实验过程，爸爸惊喜之余开始着力为小海寻找类似的课程体验机会。事实证明，只要是科学实验类的课程，小海都表现优异，极少出现失误，经常得到老师的夸奖。

　　为什么在普通课堂上表现不如意的小海，面对科学实验类的课程时，却能得到"是个搞科研的好苗子"这样的高评价？

一、"体觉型"孩子在科学实验课程中更能发挥优势

在科学实验的课程中，其完成度的优异与否与参与者的动手能力密切相关。这里的动手能力是指一个人对自己肢体的操控能力，以及对精细动作的运用能力。许多"坐不住、爱动手"的孩子都属于"体觉型"学习者，恰好在这方面具有优势，因此在科学实验方面的体验自然得心应手。

由于科学实验是通过人的感知力进行学习，所以"操作"就成了学习过程中的核心要点，比如研究膝跳反应时，观摩100次老师解剖青蛙的流程远不如自己亲手做一次了解得透彻。参与者的亲手操作尤其考验精细动作，比如试剂的滴、取，粉末状药品的称量，显微镜下的机械调试、玻片[1]拿取等，有时稍不留神手腕不稳，整个实验都功亏一篑。

"体觉型"孩子往往精力旺盛，小动作不断，并不是传统意义上的好学生。但得益于爱动手、善于操作的特性，他们常常会被实验过程中的未知感和亲自动手的体验感深深吸引。

但实验的成功并不仅仅依赖于简单的"动手操作"，其所具备的严谨性使参与者容不得半点马虎，实验步骤中的每个环节都要求参与者集中注意力，做到心静、手稳、快速反应。即便如此，每场实验的结果仍然具有不确定性，一旦失败还需要参与者认真反思，反复测验。

因此，"体觉型"孩子面对科学实验课程时，往往可以在发挥自己动手能力优势的情况下同时锻炼自身的专注力和思辨能力。这对于拥有体觉优势却难以专心的孩子来说，无疑是一场高价值训练。

我们日常夸孩子聪明往往聚焦在孩子看或听的能力上，时常忽略了动手能力强也同样代表着聪明。有些人在日常课程的学习上未必有优势，在动手能力上却呈现出非常机敏聪明的状态，这种优势虽然并不常见，可一

---

1. 玻片：当用显微镜观察细胞时，应用薄薄的易碎透明小片，这个小片就是玻片。分为载玻片与盖玻片。

旦拥有便会表现突出。对应到学习上，STEAM理念便特别适合这类动手能力强的"体觉型"孩子，尤其是"灵活体觉型"孩子，科学实验类的课程是他们进行自我提升锻炼的最佳切入口。

二、"体觉型"孩子如何进行科学实验课程的学习

如果孩子属于"体觉型"学习者，父母不妨多给孩子创造接触科学、动手实验的机会。具体来说，父母可以采用以下四种技巧对孩子进行引导与培养。

技巧一：多参观，多互动。

据我对中外教育的多年考察体验可知，我们在科学课程这一领域启蒙晚、课程少，向下普及的意识相对薄弱。教育市场上不仅整体课程的研发深度不够，与之匹配的可操作工具也不甚完备，孩子的参与度一直相对较低，因此目前孩子最好的参与途径就是多去科技展馆。

随着我国科学技术的快速发展，现在国内各类科技展馆的布展水平和展品的科技互动感都得到了显著提升，父母可以在孩子的课余时间带他们参观相关场馆，进行近距离的科技互动体验，比如天文馆、古生物博物馆、航空博物馆等。

技巧二：丰富科学实验的种类。

许多人对科学实验的第一印象便是"全副武装"的科学家与他们手里五花八门的化学试剂，实际上科学实验层次多元，种类涵盖极为丰富，对于孩子来说，他们拥有非常多的选择。

不少孩子都曾尝试过用放大镜聚焦太阳光，这其实就是一个简单的科学实验，亲手尝试过的孩子在进入初中物理课堂后便会对光的折射[1]与凸透

---

1. 光的折射：光从一种介质斜射入另一种介质时，传播方向发生改变，从而使光线在不同介质的交界处发生偏折的现象。

镜[1]的成像原理有更深刻的认知。再比如记录一株植物的生长过程，完成一次面点的发酵……可以说，只要父母有心引导，生活处处皆实验。

技巧三：阅览科学类的视频、书籍。

在科学探索的过程中，实验只是科学探索过程中的一个环节，而关于科学的所有操作与思考，其核心都离不开对基础知识的探讨。因此，父母可以安排孩子阅览生物、物理相关的科学类视频或书籍，加强孩子对科学知识的认知与理解。比如适合少儿的《昆虫记》《DK儿童百科全书》等书籍，简单易读又充满科学色彩，都是有价值的选择。

技巧四：让孩子亲身感受。

有条件的家庭可以带孩子近距离感受科学实验，比如实验课程的体验，或者参加科学主题的游学。目前国内这类课程越来越多，不少课程从前期准备、环节设计，到后续复盘，都有完整的学习流程，并且会采用多种方式引导孩子思考与创新。这对许多习惯"动手不动脑"的"体觉型"孩子来说有很大的益处。

父母在指导"体觉型"孩子时要注意以下五个问题，如图2-5所示。

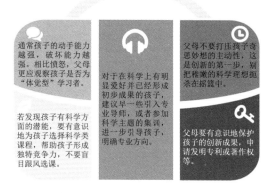

图2-5　父母在指导"体觉型"孩子时要注意的五个问题

---

1. 凸透镜：根据光的折射原理制成的。凸透镜是中央较厚，边缘较薄的透镜。放大镜便是凸透镜的一种实际应用。

天 赋 小 随 堂

你的孩子适合科学实验相关课程的学习吗?

能力	特征	是	否
体知觉力	孩子是否热衷于日常物件的拆解?		
	孩子的肢体操控能力是否较强?		
	孩子对精细动作的运用能力是否较强?		
	孩子小时候是否格外喜欢磁力片、乐高积木等拼搭类玩具?		

针对以上4个特征,请父母仔细观察孩子,并根据孩子的表现在"测试表"的"是"或"否"栏内画"√"。

如果你的孩子基本符合3个以上特征,则你的孩子属于"灵活体觉型",适合进行科学实验相关的课程学习。

孩子写不出作文，到底"卡"在哪里

很多孩子不会写作文，最怕的也是写作文，由于作文没有标准答案可供参考，只能靠自己琢磨，很多孩子面对作文时总是感到束手无策。

自从上了三年级，语文成绩始终不错的小小常常被作文难住。每次写作文，他总是聚精会神构思许久也无法下笔，即使有些许灵感，写起来也像"挤牙膏"，因此只要有作文作业小小就无法早睡。

到了三年级下学期，作文作业增加了周记和日记，这让小小更加发愁，老师总是说他的日记内容雷同。小小为此感到十分苦恼，在他看来，每天的生活都相差无几，无非早起、上学、放学、吃饭、做作业和睡觉，没有新鲜事，日记又怎么能写出新意呢？

妈妈想辅导小小写作文却无从下手，便索性给小小报了一个作文兴趣班。但训练了一段时间后，小小的作文依旧毫无起色。可见，作文兴趣班并不能很好地解决小小的写作问题。

一、视觉能力影响了孩子的写作能力

孩子想要写好作文需要解决三个问题：写什么？怎么写？怎样才能写得好？而视觉能力是解决这三个问题的关键，**它决定了孩子对周边环境和事物中美的感知力，也决定了孩子对细节的观察力。**

所以，视觉能力强的孩子只需要父母稍加引导便可解决上述三个问题，让作文写作水平大幅提升，具体原因有以下三点。

第一，"写什么"与写作技巧无关，与作文的选题和选材有关。

很多孩子看到作文题目后不知道写什么，碰到自主命题作文更是头脑空白。就算看了范文，自己也没有相符的经历可供代入其中。俗话说"巧妇难为无米之炊"，孩子没有积累足够的作文素材，当然不知道写什么。

作文素材来自哪里？生活就是最丰富的素材库，花鸟鱼虫、山石树木，人的喜怒哀乐，天空中的云卷云舒，这一切都是鲜活的作文素材。想要写好作文，就需要学会观察生活并从中提炼素材。

这一点对于视觉能力强的孩子来说并不难。尤其是通读概览能力强的孩子美学感知力也强，善于用眼睛捕捉生活之美，这类孩子日常会呈现出两个突出特点：第一个特点是爱读书，并且阅读速度快，他们喜欢看书中的画面，善于概括文章大意；第二个特点是爱美，他们对服饰的色彩、款式与搭配等都格外重视，外出就餐、住宿时十分重视目标地点的装修，审美能力较强。

第二，"怎么写"与视觉辨识能力有关。

低年级孩子作文的结构比较简单，对逻辑的要求并不高，解决"怎么写"的关键在于作文素材的细节是否足够丰满生动。

比如，对"我的妈妈很粗心"展开描写时，有的孩子写完一句便戛然而止，令人感到索然无味；有的孩子则会详细描写自己观察到的细节，包括妈妈经常忘记带钥匙，有一次居然把手机落在冰箱里……生动的细节让人物形象立刻变得丰满立体。

要想写出内容丰富、生动的作文，孩子要能看到细节，有抓取细节的能力，即具备视觉辨识能力。视觉辨识能力强的孩子天生有一双慧眼，他们大多细心且喜欢观察图像，擅长想象画面和情景，细节观察力极佳。

第三，"写得好"与阅读能力有关。

同样一篇作文，有的孩子虽写得妙趣横生，但立意不高；有的孩子则语句优美，立意高远。孩子的阅读能力不同是造成这种区别的根本原因，想要写出好作文，孩子需通过大量阅读进行素材积累。

孩子通过阅读名家名作，不仅可以提升文学审美水平，还可以积累名篇名段，若能在写作时加以运用和模仿，则能让自己的文章内容更加丰富，论证更加有力。

既然"视觉型"孩子具有较强的美学感知力或细节观察力，并且在写作文方面具有一定潜力和优势，那么父母应顺应能力为其找到适合的学习方法。

二、"视觉型"孩子的具体学习方法

"视觉型"孩子有一双发现美的眼睛，或者具有对细节体察入微的能力。针对这一特征，父母可以借助以下三种学习方法对孩子进行引导。

第一种：走出去，学会观察生活。

孩子想要写好作文就要学会观察生活，大自然和生活场景就是最完美的教学环境。父母应多带孩子走出去，在户外参加多样化的活动，帮孩子打开眼界，让孩子放眼看世界。如果孩子年龄较小，每次出行前父母可以设定观察主题，比如观察汽车，观察美德行为等主题。在出行过程中，全家可以一起就主题进行寻找和观察，并进行描述，展开讨论。

家中也有许多可观察的内容，比如多角度、细致地观察阳台上的盆栽；亲自动手用心洗一个玻璃杯；抑或是用心地体验和感悟平时司空见惯的事情等。每当孩子发现一个美的亮点时，父母可以指导孩子将素材记录下来，从而逐渐形成自己的素材库。

第二种：坚持阅读，且从名篇开始。

写作是一种输出，要保证输出质量就要大量输入，阅读则是最重要的输入方式。

　　相比观察自然和生活，阅读的输入效率更高，因为很多东西不方便亲身到达亲眼看到，但阅读可以。父母在为孩子选择阅读的书籍时，要为孩子选择符合他们年龄、认知水平的优质作品，即使为幼儿园阶段的孩子选择绘本，父母也应该选择优质的获奖作品，这对提升孩子的阅读审美有非常重要的作用。当孩子对文学作品的审美能力有所提升时，便会自然而然放弃快餐文化[1]。

　　第三种：巧用圈画，加强精度训练。

　　无论阅读名作还是范文，父母都需引导孩子对重点内容进行圈画并形成读书笔记，否则孩子将会如同看故事书一般看作文选，对写作没有实质帮助。有的孩子爱阅读却仍不会写作文，就是因为他们阅读时选择了泛读而非精读。

　　在帮助"视觉型"孩子提升作文水平的过程中，父母应以身作则，创造热爱、重视阅读的家庭氛围，并成为孩子的阅读榜样。

　　好作文需要反复修改，不能一蹴而就，许多知名作家也需十年磨一剑。在学习写作的前期，孩子的兴趣和信心非常重要，父母不可催促甚至斥责孩子，应该以鼓励、指导为主，允许孩子慢慢修改作文。父母要明白，阅读向写作的转化是一个长期过程，不要寄希望于写作强化班，或者突击阅读训练，循序渐进才是效果最好的办法。

　　此外，语言表达和书面写作其实是两个范畴，有的人语言表达能力强但写作能力弱，所以父母不要误认为语言表达能力强的孩子就可以疏于写作训练。

---

1. 快餐文化：只求速度不求内涵的一种现象，比如看名著只看精简版，想学东西只想报速成班。

天 赋 小 随 堂

能力	特征	是	否
	你家孩子能运用视觉优势写作文吗?		
美学感知力	孩子描述一件事物时,是否喜欢着眼于整体特征?		
	孩子是否对周边的颜色、形状非常敏感,审美能力强?		
	孩子在看视频节目时,是否非常依赖看字幕?		
细节观察力	孩子描述一件事物时,是否喜欢着眼于细微处特征?		
	孩子是否细心,可以观察到生活中的小事?		
	孩子是否会因为一处细节而喜欢或讨厌一个人或物?		

针对以上6个特征,请父母仔细观察孩子,并根据孩子的表现在"测试表"的"是"或"否"栏内画"√"。

如果你的孩子基本符合4个以上特征,则你的孩子更适合运用视觉优势写作文,父母可带孩子更多地走出去,引导孩子坚持阅读,巧用圈画。

孩子爱阅读但没精读能力，怎么改善

许多父母都有同一个苦恼：为什么孩子爱读书可语文成绩却不尽如人意，无论口头表达还是书面表达均不出色，这究竟是怎么回事？

苏苏就是典型代表，她从小便喜欢阅读，常逛书店，父母也十分重视阅读，时常为她买书。可自小学起苏苏的语文成绩便不好，作文也每篇如同流水账。爸爸私下向妈妈抱怨：孩子爱读书，本以为至少学识水平可比半个关羽，谁想到还不如张飞。

这种现象的出现是因为孩子虽然读书多，却囫囵吞枣。爱读书不等同于会读书，会读书要求精读，即深层阅读，读书的人要能详细地阅读和思考书中的关键内容，或者做到带着特定目标去读书，这才是真正的阅读能力。所谓"泛读十本不如精读一本"，父母除了要帮助孩子养成阅读兴趣和阅读习惯外，还要注意指导孩子提高深度精读的能力。

一、精读能力是对视觉能力的运用

自2017年我国新高考改革启动起，语文卷面的阅读量便逐步从七千字增加到一万字，且愈加注重阅读的思辨性、复杂性和扩展性。也就是说，高考语文不但考查孩子的阅读速度，还考查孩子的精读能力。精读能力差便意味着即便时间充裕孩子也不会做题目，由此可见，加强孩子的精读能力已经成为教育之路上的重中之重。

与写作文相同的是，精读能力也是对视觉能力的运用。**视觉能力中既有快速阅读能力也有视觉辨识能力，快速阅读决定了一个人阅读的"量"，视觉辨识则决定了一个人阅读的"质"。热爱泛读却不会精读的孩子，就是典型的视觉能力发展不均衡。**

视觉辨识能力之所以对精读能力来说尤为重要，是因为精读要求把书读透，需要做到细看和深度思考：这本书究竟表达了什么意思？文中的修辞为什么会显得优美？人物之间有什么关系？作者是否还有更深层的含义？整篇文章的脉络是如何布局的，情节是如何推进的……只有在阅读过程中能够进行诸如此类的思考并尝试给出解答，才能做到真正意义上的"精读"。

这就像在练习武术招式，初级水平学其形，高级水平学其神，只有学有所成才能在对阵时灵活运用。

而视觉辨识能力的"神"便是对阅读内容中细节的准确抓取和掌握。如果孩子属于快速阅读能力强的"概览阅读型"学习者，同时其视觉辨识能力却偏弱，那么他便很容易在阅读过程中丢失细节，即使是刚读完的书他复述起来也可能支支吾吾，或者只能讲出故事梗概，无法进一步讨论细节。这一点体现在学习效果上时，便是孩子即便博览群书，表达能力与写作能力也亟须提升。

针对这类孩子，父母可以尝试在写作上加以专项训练，让写作也成为他的核心优势。

二、"概览视觉型"孩子的学习技巧

父母在引导过程中，可以通过以下四种技巧提高孩子的写作能力。

技巧一：有所准备地阅读。

阅读前，父母可以要求孩子简单浏览文章的标题、开头和配图，了解时间、地点和人物，让他试着猜想文章可能讲述的故事，由此调动起孩子的好奇心和好胜心，形成阅读期待。这样孩子便会更加细致地进行阅读，在写作时也会注重自己的细节表达。

在阅读中，父母可以引导孩子进行提问。提问意味着思考，而针对问题的讨论和完整的解答过程，可以帮助孩子对文章进行更深入的理解。同时父母还需鼓励孩子在书上做标注，及时记录下感受与疑问，也可以将想法做成笔记，用思维导图梳理文章结构和人物关系等。这将让孩子感受到行文结构的重要性，在自己的写作中也会有良好的结构意识。

技巧二：加强"输入"向"输出"的转化。

当孩子已经对阅读产生了兴趣时，父母便可以通过"输出"验证"输入"的效果，同时提升"输入"的质量。最好的方法是让孩子用自己的语言复述阅读的内容，父母可以不断提问细节，如果孩子的回答不清晰，即刻提醒他回到书中寻找答案。孩子一旦习惯并掌握这种方法，未来面对语文试卷上的阅读题时会得到很大的帮助。

当然，针对不同年龄段的孩子父母可以采取不同的方法进行转化训练。如果孩子年龄较小，父母可以通过故事创编、角色扮演的方式训练他口头表述阅读的内容，为以后进一步的学习与训练打好基础；如果是高年级的孩子，则建议通过系统专业的课程训练他将阅读积累的素材转化为文字的表达能力，成为写作高手。

技巧三：同一主题匹配多种视觉输入方式。

很多父母除了督促孩子阅读，没有用心为孩子匹配更多元的"输入"渠道。大多数父母听说过兴趣会促进学习，但对于寻找兴趣与学习的连接点并不重视。

我认识一位非常喜欢兵器的男孩，由于父母缺乏看展览的意识，从未带他去过相关展馆。一次偶然的机会，我带他游览了世界著名博物馆——大都会艺术博物馆。起初面对博物馆他神情恹恹，但到了兵器馆后，他立刻两眼放光、兴致盎然。这是因为他喜欢第二次世界大战的历史，了解许多此次战争相关的信息，所以在兵器馆他马上进入了体验学习状态。

由此可见，从兴趣出发的多元化视觉"输入"，对孩子的学习积极性有很大的促进作用，包括看电影、纪录片、视频类课程等视觉吸收方式，快速阅读类的"视觉型"孩子通过这类方式进行学习都能得到很好的效果。当简单的文字阅读变成多维度的视觉刺激时，孩子能注意到更多原本容易被遗漏的细节，对主题的理解也会更加深入，孩子在写作时也能更好地表达细节。

技巧四：父母以身作则。

家庭氛围对孩子往往有着较深的影响，尤其当孩子本身阅读能力比较强时，由于他们热衷于用"看"接收信息与学习，若父母不爱看书，家里没有积极的阅读氛围，孩子在视觉能力上的优势反而会促使他转而沉迷于电视、IPad、计算机等电子产品。因此，父母在孩子面前以身作则也是提升孩子积极性的要点之一。

此外父母还要注意以下两个方面。

一方面，当孩子有爱看书的表现时父母切勿操之过急，给孩子匹配不适合年龄与心智发展阶段的书籍，这样反而容易挫伤孩子的阅读兴趣，打击孩子学习积极性，让孩子对阅读与写作产生畏难心理。

另一方面，父母在阅读内容上不要有认识偏差，应秉持多元、包容的原则，尤其不应将阅读主题"性别化"区分，比如认为小女孩就一定喜欢看公主、童话，小男孩就一定喜欢看探险、战争，这会导致孩子的阅读框架既不科学也不完整。只有让孩子接触多元化的阅读主题才能帮助他们更加全面地学习与成长，丰富写作素材。

天 赋 小 随 堂

能力	特征	是	否
	你家孩子是否需要提高精读能力?		
概览阅读能力	孩子是否爱看书?		
	孩子是否看书快?		
	孩子是否在复述时注重整体框架,但缺乏细节描述?		
	孩子是否注重外在形象,但在细节上不讲究?		

针对以上4个特征,请父母仔细观察孩子,并根据孩子的表现在"测试表"的"是"或"否"栏内画"√"。

如果你的孩子基本符合3个以上特征,那么孩子泛读能力强,可以通过有所准备的阅读;加强"输入"向"输出"的转化;同一主题匹配多种视觉输入方式;父母以身作则这四种学习技巧增强孩子精读能力,从而提高写作能力。

教孩子学习古诗词，怎么背诵

　　穿汉服、背唐诗、上B站[1]创作国风内容……越来越多的年轻人开始关注国学，热爱国学，小众文化开始在大众市场备受追捧，国学的巨大魅力正不断在年轻群体中发酵蔓延。

　　琳儿的妈妈很喜欢国学，时常收听古诗词类的音频节目，心有所感时也爱附和吟诵。耳濡目染下，琳儿有时也能吟诵出两句熟悉的诗词，受到鼓舞的琳儿的妈妈开始与女儿结伴收听古诗词，并常常让琳儿大声朗诵听到的内容。琳儿吸收能力强，往往读过两三遍便能背诵原句。

　　时至今日，刚上小学三年级的琳儿已经极富诗书气息，受益于古诗词的积累，琳儿在学校无论是面对演讲比赛还是课堂作文，都显现出了优于常人的潜力。琳儿的妈妈感到十分庆幸：孩子虽然未必能成为下一个"诗词女神"武亦姝[2]，但从小的诗词熏陶对孩子学习古诗词仍然很有价值。

　　事实上，喜欢教孩子背诵古诗词的父母不在少数，许多父母都热衷于给孩子播放古诗词音频并让孩子跟着读。但并非所有的孩子对古诗词都有明显的天赋，有的孩子甚至对此毫无兴趣。

1．B 站：哔哩哔哩，英文名称为 bilibili，简称 B 站，现为中国年轻世代高度聚集的文化社区和视频平台。
2．武亦姝：中国中央电视台《中国诗词大会》第二季总决赛冠军。

一、"听觉型"孩子在古诗词学习上独具天赋

影响孩子对古诗词的兴趣及学习效率的是孩子对旋律的敏感，以及对音准的辨别力，即辨音听力。古诗词的音律与音乐极为相似，不少诗词在古代是配有乐曲的歌词，许多词人同时也是作曲家。比如宋代著名婉约派词人柳永便被调侃为"流行音乐鼻祖""情歌王子"。

古诗词不仅仅在向人们传递中华文明特有的美感，还与音乐一样浓缩着人类共通的情感。有人曾说，学习古诗词是一种"无用之用"，然而《中国诗词大会》第五季冠军彭敏却认为"诗歌可以重塑国民性格和灵魂气质，这就是'无用之用有大用'"，所谓"腹有诗书气自华"，长期的古诗词浸润赋予孩子的是一生丰盛的精神底色。

除此之外，长期接触古诗词还能扩充孩子的知识面，诵读古诗词的学习方式可以帮助孩子形成良好的语感。这些长期的积累对于孩子在文字方面的理解力、表达力，尤其是写作能力，都会起到不小的促进作用。

在小学语文教材统一改为部编版教材[1]之后，孩子从1年级便开始接触古诗词，整整6年的语文课本里，古诗词及古文总计达到132篇，占课文总数的30%。新高考改革后，语文科目要求诵读的经典诗文更是增加了1倍以上，语文高考卷面上仅古诗词相关考题的分值就占到30分以上，可见国家对孩子学习古诗词的重视。

大多数古诗词意韵绵长、朗朗上口，如同音律富有极强的韵律感，适合"听觉型"孩子进行学习，尤其是辨音听力强的"长期听觉型"孩子运用这一方式可事半功倍。纸面的文字化为声音吟诵出来后，知识信息由耳朵进入大脑，更方便"听觉型"孩子对其进行理解、吸收，提高了他们的记忆效率。2020年，武汉三中高考文科第一名邹玥淇就表示过，自己喜欢

---

1. 部编版教材：由教育部组织编写，2017 年 9 月起，全国义务教育阶段公立中小学初始年级的语文、历史、道德与法治 3 个科目启用教育部统编教材。

唱歌，并且常常把唱歌作为背诵古诗的方法以此加强记忆。许多诗词她会先唱出来，再进行进一步的背诵、学习。

古诗词是孩子学习语文的最佳启蒙教材，"听觉型"孩子在古诗词学习上又独具天赋，因此如果孩子爱唱歌且音准好，语文学习方面最好选择以古诗词的学习作为突破口。孩子在小时候记诵的古诗词内容大多会终生难忘，所以这些学习成果往往能让他们在写作、演讲等方面受益匪浅。

二、"听觉型"的孩子如何学习古诗词

如果你的孩子属于"听觉型"学习者，父母在为孩子规划古诗词学习计划时可以考虑以下三种技巧。

技巧一：听—朗读—背诵。

孩子古诗词的学习不能仅仅停留在"听"，大声的朗读也必不可少。自古代起，老师的主要教导方式就是让学生大声朗读诗文，孩子先自行在听、读中感悟，老师再稍做点拨，潜移默化中即可领会古诗词文字的神韵。

所谓"熟读唐诗三百首，不会作诗也会吟"，古诗词音韵上的美感只有通过朗读才容易与之共鸣，激发想象，这种学习方式有利于加强孩子的感悟，促进孩子对古诗词内容的记忆与吸收。随着孩子年龄的增长，这种自小深入内心的学习训练往往可以帮助孩子在面对同类知识时无师自通。

在这里需要特别提醒父母的是，古诗词的背诵并非越熟练越好。许多父母在这一点陷入误区，因此导致孩子虽然背诵古诗词很快，却丢失了它最基本的音律美，甚至对其含义与情感一知半解。可见古诗词无论是朗读还是背诵，都需要保留它的音律感读出来。

技巧二：为低年龄段的孩子选择简单、熟悉、有关联作品的诗词。

古诗词的诞生语境与我们当下的用语习惯相差甚远，因此对低年龄段的孩子来说，学习古诗词时的素材选择尤为关键。总体来说，父母在为

低年龄段孩子选择古诗词的学习素材时可以遵循以下三个原则，如表2-1所示。

表2-1　为低年龄段孩子选择古诗词学习素材的三大原则

	原则	示例	效果
一	选取短小精悍、易于记忆的诗词	唐·孟浩然的《春晓》： 春眠不觉晓，处处闻啼鸟。 夜来风雨声，花落知多少	容易理解，方便记忆，可以带给孩子成就感
二	选择孩子比较熟悉的主题事物	唐·骆宾王的《咏鹅》： 鹅，鹅，鹅，曲项向天歌。 白毛浮绿水，红掌拨清波	动、植物相关的诗词，有利于孩子产生联想
三	选择有关联作品的诗词	央视大型文化节目《经典咏流传》中曾以歌曲的形式演绎袁枚的《苔》： 白日不到处，青春恰自来。 苔花如米小，亦学牡丹开	与诗文相关联的作品通常是对古诗词的进一步解读，孩子接触越多，其对相关古诗词的理解则会越轻松

除此之外，低年龄段的孩子要先学"无用之用"，再学"有用之用"。父母在孩子学习古诗词时，不用担心孩子暂时还不能很好地理解古诗词的意思，先让孩子听诵，令其感知古诗词中的音韵美，等孩子长大后再增加适当的讲解即可。

技巧三：为高年龄段的孩子创造多元化的学习机会。

高年龄段的孩子在学习古诗词时，父母要尽可能地给孩子创造感受、使用古诗词的机会。

游历体验就是一种非常好的学习方式。比如对于边塞诗[1]的学习，有条件的父母可以带孩子去内蒙古、甘肃、新疆等古诗中的边关要塞之处，身

1．边塞诗：又称出塞诗，是以边疆地区军民生活和自然风光为题材的诗。一般认为，边塞诗初步发展于汉魏六朝时代，隋代开始兴盛，唐代即进入发展的黄金时代。其中有些宏伟的篇章不但是华夏文学的宝贵财富，而且极具历史意义。

临其境地学习和背诵古诗词，增强孩子的体验感。父母带孩子游览名胜古迹时，也可以寻找相关联的诗词，和孩子沟通交流，加深孩子的记忆。此外，父母还可以帮孩子筛选出品质较高的国学类节目，让孩子在节目中学习与了解古诗词。

古诗词的学习并非一蹴而就，它的创作背景与我们的现代生活不同，有些词语相对生僻，不易懂，孩子在接触初期容易产生抵触畏难的心理。父母应该力所能及地提供鼓励与帮助，切忌攀比，给孩子施加压力。

天赋小随堂

能力	特征	是	否
辨音听力能力	孩子对旋律是否敏感，喜欢音乐？		
	孩子是否节奏感特别好？		
	孩子唱歌是否音准好，不跑调？		
	孩子英语发音是否标准？		

你的孩子适合用"听"的方式学习古诗词吗？

针对以上4个特征，请父母仔细观察孩子，并根据孩子的表现在"测试表"的"是"或"否"栏内画"√"。

如果你的孩子基本符合3个以上特征，那么孩子适合以朗读、记诵为主，音乐性诗词关联作品为辅的古诗词学习策略。

孩子英语学习提速，有什么招

　　许多父母认为语言学习的重点在于表达，忽略了"听"才是真正决定孩子语言学习成果的能力。"听、说、读、写"作为语言的四大基础技能，只有优先解决"听"，孩子才能真正打开语言学习的大门，这一点在英语学习上也不例外。

　　因为深谙这一点，在其他父母急于让孩子开始单词、语法的学习时，亮亮的爸爸坚持让亮亮从听力练习开始。亮亮天生拥有较强的听觉能力，从小就喜欢听音乐、广播等音频内容，练习英语听力正好顺应了他这一优势。

　　开始时，爸爸结合画面为亮亮播放英语儿歌，以此帮助词汇量较少的亮亮可以根据画面联想词义，再通过英语儿歌加深记忆。随着学习的深入，亮亮的英语听力越来越厉害，语感也越来越好，逐渐在同龄孩子间体现出明显的英语优势，甚至在出国旅游时也可以自信地为全家充当翻译。

一、"听觉型"孩子在英语学习上有优势

　　孩子学说话的过程往往是先"听"，再根据观察到的具体场景把听觉信息与视觉信息联系起来，最后成功理解音节的意思。完成这一过程之后才是模仿发音、组合语句。**由此看来，语言的学习是先"输入"再"输出"的，因此对于英语学习来说，决定其效率的是孩子的音节辨别能力，以及对所听到信息保持长久记忆的能力，这也正是"听觉型"孩子的优势所在。**

由于英语是表音文字[1]，其文字只是发音的记录，所以只要孩子学会拼写规则，通常便能将听到的单词书写下来，因此收听效率高的"听觉型"孩子学英语总能事半功倍。

"听觉型"孩子不仅对他人的语言敏感，还能深刻记忆听到的信息，这类孩子通常复述能力较强，且复述时情节与细节兼具。父母在教导这类孩子学习英语时不可急于书写，也不能只侧重于训练阅读与写作，应该从听力入门，重视"听""说"能力的培养。

了解"听觉型"孩子如何利用自身特性学习英语后，父母还需掌握引导这类孩子学习英语的适配方法，才能更好地因材施教，提高孩子英语成绩。

二、"听觉型"孩子的英语学习方法

孩子进行英语学习时，父母可以采取以下三种方法提高孩子的英语学习效果。

方法一：科学的英文"灌耳音"。

前文所提的"灌耳音"是学习英语的好方法，但具体如何"灌"却大有讲究。由于英语并非中国孩子的母语，英语听力一直是中国孩子学习英语时的弱项，所以听力学习的过程需要循序渐进。

父母选择听力材料时，关键要点在于确保孩子能听懂，即听力内容的难易度要与孩子的年龄与词汇量相匹配。如果英文内容对于孩子而言犹如"天书"，超出孩子的理解能力，就会使孩子感到害怕与抵触，这种方法则毫无意义，这也是为何有些孩子天天听英语而成绩却并未提高的重要原因。

若孩子处于词汇量较差的初学阶段，父母可以借助各类图片与视频进行"灌耳音"。教导学龄前孩子时要学会利用英文歌谣，英文歌谣通常由最简单的词汇与朗朗上口的旋律组合而成，若配以肢体动作或简单图示进

---

1. 表音文字：一种使用少量的字母记录语言中的语音，从而记录语言的文字。表音文字是根据字位所表示的语音单位。

行大量重复，将是十分有效的学习方式。

方法二：高频词汇与简单句型的反复训练。

词汇毕竟是语言表达的基础，如果孩子在"听"之前缺少基础的词汇积累，将会严重影响他在听力训练中的理解力，因此词汇量的累积是英语学习过程中的重要学习要素。

在孩子词汇量得到一定程度的提升后，父母不应仅仅追求听懂，还需要求孩子能迅速听懂。父母不妨在日常交流中配合孩子反复练习简单句型与高频词汇，训练出孩子对于英语内容无须思考与翻译的本能反应。达到这样的熟练程度可以建立起孩子使用英语的自信，从而促使孩子有兴趣进一步强化英语的语言表达能力。

方法三：尽可能创造英语应用环境。

英语学习对于中国孩子来说是单纯的语言学习，重在表达与沟通，与语文学习重在了解并传承文化不同，英语学习的核心目标是让其成为孩子接触世界、连接世界的工具。因此英语学习最高效的方法是让工具"有事可干"，即增加英语在孩子日常生活中的曝光率与使用率。

有些父母由于自身学习的是"哑巴英语[1]"，故不敢亲自指导孩子，这样的父母可以善加利用外部资源对孩子的英语学习进行指导，比如参加英语夏令营，加入"英语角"等，有能力者还可以让孩子插班国外学校进行学习。孩子能够在这一过程中深切感受到英语成绩好的优势，体会到成就感，从而产生更浓厚的学习兴趣，形成良性循环，有利于孩子发自内心地坚持英语学习，提高英语能力。

有一点值得父母注意的是，部分孩子由于辨音听力较弱，因此在英语学习过程中即便能熟练表达，快速理解，也仍然会存在发音上的瑕疵。

1.哑巴英语：极端注重书面英语及应试，严重忽略口头表达、交际应用的英语教学方式，以及在这种教学方式下培养出来的学生的英语能力，听不懂，也不会说。

这并非孩子的语言能力弱，父母也不必执着于标准美音或英音。如果对这类孩子过于强调标准发音，反而容易使孩子产生抵触心理，更加不敢张嘴说，父母的陪伴与鼓励才是孩子坚持语言学习最大的动力。

在了解了以上方法后，父母对于如何引导孩子进行高效的英语学习想必已有了明确的方向。众所周知，语言学习存在黄金期，而英语学习较为公认的黄金期是3岁以后。可正如非洲经济学家丹比萨·莫约于《死亡的援助》中所说："种一棵树最好的时间是10年前，其次是现在。"所以，无论什么时候想要学习英语，最好的时间就是当下，有心的父母不如尽早行动起来，为孩子创造一个天然适配的英语学习环境。

天赋小随堂

你的孩子适合用"听"的方式提高英语学习效率吗？

能力	特征	是	否
语言听力能力	孩子上课听讲是否非常专注？		
	孩子是否可以长时间收听音频节目，不走神？		
	孩子的复述能力是否较强，复述内容情节与细节兼备？		
	孩子是否对外界声音非常敏感？		

针对以上4个特征，请父母仔细观察孩子，并根据孩子的表现在"测试表"的"是"或"否"栏内画"√"。

如果你的孩子基本符合3个以上特征，那么你可以通过科学的英文"灌耳音"；高频词汇与简单句型的反复训练；尽可能创造英语应用环境这三种学习方法提高孩子英语听力能力。

孩子要游学，如何策划

每个人的经历都是他成长过程中的财富，所谓"读万卷书不如行万里路"，老前辈早早便已点明了"路"对人生的重要性。"识广"先要"见多"，开阔眼界往往是一条高效率的学习之路。

然而并非所有孩子的成长都能"行万里路"，小贝的父母因为工作繁忙，一直都没有机会带小贝出远门。直到12岁那年，一次偶然的机会让我带上小贝踏上了一场长途旅行，为小贝打开了一扇新世界的大门。

旅途结束后，一向沉默寡言的他向父母滔滔不绝地讲述了许多旅途趣闻，这让一直与孩子沟通不畅的父亲看到了旅行的意义。第二年，一家三口在欧洲进行了一次长途旅行，父子间10年的僵局在短短的10天内便迎来了转机，不少曾经的误会也逐一解开。

在整个旅行中，曾被爸爸认为自理能力差的小贝反而一直是拎箱、背包、照顾人的角色。更让小贝爸爸惊喜的是，自己一直认为在学习上没有优势的小贝，却能在旅途中将参观的景点、听到的故事全都清晰、有逻辑地复述出来。

我告诉小贝爸爸，学习其实有三种类型，他的孩子恰恰就是"体觉型"学习者，通过旅行这种沉浸式的体验掌握知识正是适合他的学习方式。

一、游学是对孩子脑功能的全面训练

体觉包含肌肉耐力和体知觉力，后者指人体对外界环境的感受、处理能力，其中包括用冷热觉、味觉、触觉、压力觉等来感知世界。在写作技巧上，秉承"最好的文字都藏在你的身体里"的"五感写作法"便是调动了身体各部位的感知为文字注入力量，在学习上也同样可以运用类似方法。

众所周知，孩子大脑功能的实现是建立在神经元[1]与神经元之间的"突触[2]"联结和信息传递的基础上。一个多变的外界环境包括声、光、影、气息、肢体互动等，当所有这些信息传递进大脑时，便会对孩子的脑功能带来全面的刺激与训练。

游学便是为孩子提供多变的外界环境，为孩子创造一个全面促进听觉、视觉、体觉的机会。这种在动中学、游中学、行中学的模式，比单纯在房间里听和看要更高效，更能激发孩子的自主思考能力。

我本人反对"坐而论道式"的儿童教育，非常推崇游学模式的教育观念。曾有一次，我的同事教孩子们写"护国寺小吃"的主题作文，孩子们都犯了难，于是同事带孩子们到护国寺小吃店饱餐了一顿。艾窝窝、驴打滚、豌豆黄……大碗小碟摆满了桌，孩子们听了故事又尝了美食后，直接在餐桌上提笔行文，个个洋洋洒洒，情真意切。

由此可见，学习不应止步于教室，更需要用足迹去丈量世界，用身上的每种感官去全方位地感知和体验那些新鲜的刺激，这样才能引发孩子的好奇心与全新的思考，给学习增加乐趣。许多在课堂上、书本里叫苦连天的孩子，在游学中往往兴致盎然，玩得尽兴也学得透彻，这便是顺应孩子本性与心智发展特点的因材施教。

---

1. 神经元：神经细胞，是神经系统最基本的结构和功能单位。分为细胞体和突起两部分。细胞体具有联络和整合输入信息并传出信息的作用。突起有树突和轴突两种。树突短而分枝多，直接由细胞体扩张突出，形成树枝状，其作用是接受其他神经元轴突传来的冲动并传给细胞体。轴突长而分枝少，为粗细均匀的细长突起，常起于轴丘，其作用是接受外来刺激，再由细胞体传出。
2. 突触：一个神经元的冲动传到另一个神经元或传到另一细胞间的相互接触的结构。

二、父母该如何为孩子的游学做准备

所有类型的孩子都可以通过游学进行学习与训练，但体觉强的孩子尤为适合游学模式。对他们来说，比起看书和听讲，游学中所学的内容记忆会给他们留下更深刻的印象，相应地，输出效率也会有大幅提高。但家长在游学计划开始之前，可以先提醒自己做好以下五点。

要点一：一定要备课。

不少父母常常会疑惑，自己每年带孩子出游的次数也不少，可为何孩子并没有表现出什么进步，实际上这是因为父母忽略了"备课"这一环。

几年前，我曾带几个孩子去甘肃天水观看中国四大石窟之一的麦积山石窟，一路上，我就是他们的"导游"，除了引导他们参观，我的解说也从未落下，从历史渊源到艺术底蕴，孩子们用眼睛看石窟，用耳朵听历史，全方位地感知到了麦积山石窟，并且对这场旅途的收获留下了深刻印象。

所以，父母需要在游学出发前对目的地进行充分了解，父母的备课越充分，孩子吸收到的知识也更多且印象越深刻。

要点二：尊重孩子的学习能力。

父母不要片面地认为孩子年龄小就只会将游学当作玩耍，不会在"游"的过程中进行有价值的记忆与学习。学习并不只是简单的"看"与"听"，"体觉型"孩子的学习方式便是通过多种感官对外界进行感知，潜移默化的影响往往也是一种学习收获。

要点三：不要模糊游学重点。

对于出游细节的适当准备虽然是必要的，但父母不应该在游学过程中过于关注吃、穿、住、行等生活细节，比如衣服是否漂亮，照片是否足够……对这些细节的过度在意会模糊游学的重点，往往"游"没有"游"顺心，"学"也没"学"到位。

要点四：降低电子产品的使用。

无论是父母还是孩子，在游学中都需要减少对电子产品的使用时间。

我曾在英国自然历史博物馆亲眼看到，一个中国游学团在门前拍照打

卡后，整团的大人与孩子都在咖啡厅坐下开始玩手机，这种行为完全是在浪费游学的机会。

要点五：注重"输出"效果。

无论任何一种感官上的感知，都是信息的"输入"，而"输入"的信息只有通过有效"输出"才能实现最终的价值。

游学过程中，父母要和孩子多交流，从而可以让孩子充分地表达自己的观察和感受。如果能引导孩子写出来，让孩子自行梳理自己的所见所想，效果则更好。

每次游学途中孩子们写日记都颇为顺畅。这样的习作不需要老师苦口婆心地教授写作技巧，也不需要孩子咬着笔杆苦寻素材，落在纸面的真情实感往往比绞尽脑汁的编凑更有价值。

天 赋 小 随 堂

你的孩子是否更适合游学模式？			
能力	特征	是	否
体知觉力	孩子是否小动作多，学习专注力不佳？		
	孩子是否对跳绳、舞蹈之类的项目较擅长？		
	孩子在描述一件事情时是否喜欢手舞足蹈，运用肢体语言？		
肌肉耐力	孩子是否精力足，不怕累？		
	孩子是否执行力强，动作麻利？		
	孩子是否能够长时间进行体育训练？		

针对以上6个特征，请父母仔细观察孩子，并根据孩子的表现在"测试表"的"是"或"否"栏内画"√"。

如果你的孩子基本符合4个以上特征，则你的孩子相对更适合游学，父母可更多采用游学方式，提升孩子的学习效率。

学会用思维导图，让孩子学习事半功倍

思维导图的英文名是Mind Map，由美国大脑先生东尼·博赞创建。这是一种借助可视化的内容呈现进行思维整理的工具。简单地说就是将某个研究主题作为源点，由此发散进行相关的思维延展，并将这种延展用图像直接呈现，达到思考过程的可视化。

在全球最具影响力的教育家肯·罗宾逊和著名小说家卢·阿罗尼卡共同撰写的《让天赋自由》中，小女孩凯特就在父亲的指导下运用这一方法学习历史知识。凯特是一位视觉能力突出的孩子，擅长阅读，却在内容记忆上碰壁。她在学习美国内战知识时总是遗忘老师讲授的历史事件和相关日期，父亲见状便建议她使用思维导图的方法辅助记忆相关知识点。

果然，这场战争所有主要事件的发生时间及具体因果，都在思维导图的图像中清晰起来，凯特绘制出的这幅关于美国内战的"画面"，如同照片一样储存在她的大脑中，供她随时调取。

实际上，思维导图形式丰富，应用广泛，工作中常用的流程图就是其中一种，热门综艺《最强大脑》里也有不少灵活运用思维导图的视觉奇才，他们能在短暂的观察后就将数百种图形印在大脑中。由此可见，思维导图对于大量信息的高效、准确记忆有着十分明显的帮助。

一、思维导图适合"视觉型"孩子

得益于思维导图直观清晰且有助于厘清思维的特质，我国中小学课堂上有越来越多的老师开始倡导孩子采用这种方法整理课堂笔记与分析问题。比如使用圆圈图[1]进行知识点的归类总结，利用气泡图[2]对需要记忆的核心概念或人物进行解释定义等。可事实上，并非所有的孩子都能快速消化思维导图的应用方式。

由于思维导图的图像化特征突出，"视觉型"孩子会更适合使用这种方法。这是因为图像辨识能力和图像记忆能力决定着孩子对图像的敏感度，孩子对图像越敏感，越能把握住图像中的信息，利用思维导图进行内容记忆于他而言便越流畅、有效。

思维导图可以引导孩子在思考与记忆时对内容进行生动且清晰直观的图像化处理，比如利用图形、图画、符号等标注知识点并排列逻辑。"视觉型"孩子的眼睛如同一架"照相机"，大脑则是"相册"，他们往往对通过视觉途径了解到的信息记忆深刻。将一个纷繁复杂的事件抽丝剥茧、捋出脉络后用图形的方式展示出来，该内容则可以作为"图片"长久地储存在孩子的大脑"相册"里，需要时用眼睛去"看"即可。

二、思维导图的多元化帮助

由于思维导图的运用方法灵活多样，因此它不仅可以运用于具体知识点的记忆学习上，适当利用后还可以对孩子的学习能力产生方方面面的帮助。

1. 帮助孩子制定阶段性目标

以思维导图的形式绘出每条通往成功的路径并标注出"里程碑"，可

1．圆圈图：可视化地表示联想和定义的发散思维过程。简单理解就是把一个中心思想逐层展开的过程。能够帮助孩子拓展思考问题的角度，培养孩子发散联想能力。
2．气泡图：可视化地描述事物特征的思维过程。气泡图能够把孩子的思维线路显露出来，有利于提示写作思路，引发记忆和联想，拓展纵向思维和横向思维。

以将一个漫长的过程拆分为一个个阶段性小目标，从而极大地降低孩子面对宏大目标的恐惧感，帮助孩子确定前进的方向与节奏，梳理达成最终目标的路径。

2. 督促孩子养成自律的习惯

孩子让父母头疼的不自律问题同样可以运用思维导图解决。父母可以为孩子需要达成的自律目标建立生活自律和学习自律两个主轴，再在每一条主轴上拆分出若干条具体的自律行为要求。孩子只需要依据思维导图所呈现出来的自律构架脉络逐条达标，很快就能养成自律的好习惯。这比父母笼统地对孩子提出自律要求，导致孩子因为感到目标模糊而压力过大要有效许多。

3. 培养孩子的思维能力

如果孩子视觉能力较强的同时想象力较弱，则更需要思维导图的帮助，因为它能起到辅助孩子进行思维梳理的作用。思维导图的绘制是将脑内逻辑结构具象化的过程，孩子在这个过程中要逐层联想，从不同角度、不同深度进行思考，这有利于训练孩子的发散性思维和收敛性思维。

4. 降低选择恐惧症给孩子带来的影响

思维导图对具有选择恐惧症[1]的孩子也有明显的帮助。有些孩子天生在面对选择时犹豫不决，这种精神上的内耗反过来又让决策变得更加困难，而思维导图可以清晰地呈现每种选择的优劣势，帮助孩子准确、客观、理智地找到达成目标的最优路径。

三、思维导图的运用技巧与问题

如果你的孩子属于"视觉型"学习者，不妨指导孩子利用思维导图进

---

1. 选择恐惧症：也称作选择困难症。患上这种病的人面对选择时会异常艰难，无法正常做出自己满意的选择，在几个选择中必须做出决定的时候很恐慌，惊慌失措，甚至汗流浃背，最后还是无法选择，导致对于选择产生某种程度上的恐惧。

行学习。具体来说可以灵活运用以下三种技巧。

技巧一：先易后难。

思维导图的应用需要一个熟能生巧的过程，孩子刚开始接触它时父母不要急切地期望孩子立马掌握，也不建议一开始就运用在非常复杂或重大的决策、事件上。父母可以利用生活中任何一件小事，由浅入深地引导孩子使用这个工具，以免由于孩子对思维导图的掌握程度较低，在运用过程中对自信心造成打击。

技巧二：对新发生的事物，先进行发散思考。

思维导图的应用既可以是由点到线的连接，也可以是由线到点的发散。对于新发生的事物，孩子往往由于缺乏经验而无法直接形成结构化思维[1]，尤其是本身属于发散型思维的孩子，他们通常难以及时搭建逻辑清晰的思维框架。这时父母应该鼓励孩子先记录下所有的想法与思考，告诉他们暂时不用过多地考虑彼此之间的逻辑联系和主次关系，以避免孩子因为逻辑不清导致思维受阻。

当孩子将自己对一个事物的所有思考点全部记录在纸上后，父母可以引导孩子用归纳总结的方式将这些点进行有逻辑的串联，形成逻辑线条，最后对所有逻辑线条进行主次或从属关系的分类整合。所有准备工作就绪后，再按照整合后的逻辑关系重新绘制，就能够得到一幅逻辑清晰的思维导图。

技巧三：对有经验的事物，先确定框架。

在需要通过结构化思维对有经验的事物进行改进时，思维导图也能提供很大的帮助。孩子可以通过思维导图由已有的逻辑线条衍生出更多细

---

1. 结构化思维：Structured Thinking，是指一个人在面对工作任务或难题时能从多个方面进行思考，深刻分析导致问题出现的原因，系统制定行动方案，并采取恰当的手段使工作得以高效率开展，取得高绩效。

节，寻找到创新点和优化点。具体的操作方法，如图2-6所示。

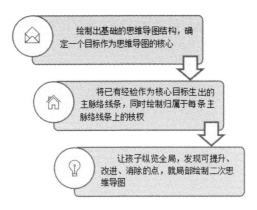

图2-6 利用思维导图寻找创新点的操作流程

父母在指导"视觉型"孩子进行思维导图的绘制中，还需要注意以下三个问题。

问题一：不必过分追求美观。

孩子绘制思维导图的关键不在于美观，而在于思考，父母切勿将重点放在绘画上。思维导图重在对思维的梳理，只要孩子能在梳理过程中加深和内化[1]对事物的理解，并能在未来按图索骥，准确输出相关知识点，便是成功的思维导图尝试。

问题二：指导≠灌输与复制。

如果父母自己具备熟练运用思维导图的能力，在指导孩子时应避免为追求"速成"而向孩子灌输或者复制父母的方法。父母必须将孩子如何自主形成思维方式作为指导的重点，否则即使孩子迅速掌握方法，也仅仅是一个模仿者。

---

1. 内化：将看、听、想等思维观点经过内证实践，所领悟出的具有客观价值的认知体系。内化通过"同化"和"顺应"两种机制来完成。内化对于德育工作具有重要的指导意义。

问题三：指导过程需有耐心。

有些孩子先天数学逻辑能力较弱，较难迅速训练出构建思维导图的能力，只有多加练习才能达到较好的学习效果。面对这类孩子父母需要耐心教导，尽量避免严厉的指责，否则会进一步打击孩子学习思维导图的兴趣。

天 赋 小 随 堂

你家孩子是否适合思维导图这一学习方法？

能力	特征	是	否
图像记忆能力	孩子是否能较好地把握图像中的信息？		
	孩子是否对通过视觉能力了解的信息记忆深刻？		
	孩子对图片的联想能力是否较强？		
	孩子学数学时是否对平面几何部分学习效果好？		

针对以上4个特征，请父母仔细观察孩子，并根据孩子的表现在"测试表"的"是"或"否"栏内画"√"。

如果你的孩子基本符合3个以上特征，那么你可以通过思维导图这一方法提高孩子学习成绩。

第 3 章

为什么你的孩子总跟你对着干

——与孩子有爱沟通的11个技巧

父母与孩子的沟通几乎每天都在发生，可令父母感到困惑的是：很多时候是频繁地进行沟通，但实际效果往往是没有"通"。父母究竟该如何听孩子说，又该如何说孩子才愿意听？是什么阻碍了父母爱的表达？又是什么原因妨碍了父母与孩子的有效沟通？爱孩子，就是和孩子好好说话。和孩子沟通的11个有效技巧，让你和孩子有爱沟通。

为什么孩子越来越不愿意和你沟通

  良好的亲子关系往往少不了亲密的沟通，但看似简单的亲子互动却成为很多家庭的难题。每逢有父母心急火燎地联系我时，我就知道接下来的对话大多要围绕亲子沟通中的矛盾而展开。

一、沟通不仅是"说话"

  沟通，看上去只是很简单的"说话"而已，但实际上是一个非常复杂的过程。

  从多元智能的角度看，这主要涉及一个人的**人际智能，也就是能够察觉及分辨自己和他人的情绪、感受和思维的能力。**

  沟通是一个双向交互的过程，既包括接收信息，也包括传出信息。接收信息时，双方不但要听对方用语言表达的内容，还要通过对语音语调的分辨，以及对对方细微表情、肢体语言的观察来确定其弦外之音。传出信息时，双方不但要思考并流畅表达自己想要传递的内容，在开口前还应该考虑对方的情绪及表达的时机。

  看似简单的沟通往往需要参与者大脑的多区域联动，除了对人际智能的要求，它还将同时考验其语言听力、辨音听力、视觉辨识、逻辑推理、语言模仿、自制、自省等多方面的能力。每个孩子不仅能力组合不同，自身的沟通风格也存在差异性。有的孩子个性更包容，而有的孩子则十分有主见，所以父母和孩子沟通时并不能随心所欲、不加斟酌，也不适合简单地套用他人总结出的"模式化"技巧。如若"文不对题"，则会破坏亲子间沟通的效率和效果。

二、沟通也需"因材施教"

随着年龄的增长，孩子逐渐产生自己的想法，越来越不爱和父母沟通。备感失落的父母往往将之笼统地归结为"有代沟"，或者认为孩子开始"叛逆"，但实际上这些并不是孩子对父母关闭心门的全部原因。

父母在和孩子交流时，除了需要做到有"老生常谈"的平等、耐心、赞美、理解等普适性原则，还要明确自己该采取什么方式与风格和孩子沟通，后者取决于父母对孩子天赋特质的了解。

既然孩子在沟通方面的"材质"不同，那么"因材施教"便成了亲子间取得良好沟通的突破口。

我有一个大学同学，她有两个儿子，哥哥已经进入青春期，弟弟才刚上小学。青春期的孩子通常和父母日渐疏离，更愿意和同伴在一起，但哥哥常常在放学后与尚未下班的妈妈通电话，谈论一天的日常，遇到困惑时也愿意和妈妈沟通讨论。弟弟和妈妈的关系更加亲密，在学习与生活上的任何心情和想法，都乐意与妈妈分享。

如此良好的亲子关系的确惹人羡慕，不了解的人多半会认为这是一位温柔、耐心也不爱批评孩子的妈妈。实际上她是个急性子，不仅说话嗓门大，有些事情上甚至十分专断，但这些都没有影响她和孩子间的良好亲子沟通。

根据我的观察和了解，她的诀窍在于与孩子沟通时会时刻秉承"因材施教"的理念：她会细致地观察两个孩子在沟通能力与风格上的不同，也就是抓住沟通"材质"上的差异性，再对两个孩子采取不同的对话方式。

哥哥在个性上稍显缺少主心骨，不会说"不"，也很容易被他人带偏。妈妈为此大费周折更换学区，给孩子创造了一个更为友好的同伴环境。在日常和孩子沟通时妈妈会按捺住自己的脾气，鼓励他勇敢表达自己的观点，也会耐心地陪孩子认真讨论事件的黑白面。久而久之，哥哥越来越自信，也逐渐培养起自己独立判断的意识。

弟弟和哥哥相反，他反应快、有主见，俨然一副"你说上句，他接下句"的个性，常常对身边的人或事提出质疑。这位妈妈便会在与弟弟沟通时特别强调"道理"，但不同于面对哥哥时的"促膝长谈"，她对弟弟通常采取"短平快"的沟通方式，明确表达自己的想法与要求。弟弟十分适应也非常喜欢这种沟通方式，妈妈不跟他唠叨，他反而更愿意跟妈妈唠叨几句。

这位妈妈对两个孩子采取的差异化沟通堪称亲子沟通的范本——对待不同天赋特质的孩子，沟通的方法完全不一样，如果方法不对路，教育孩子的效果会适得其反。

因此，父母要根据孩子的日常表现分析判断孩子的沟通特点，并顺应其特点用合适的方式架起亲子之间的沟通之桥，这也是亲子沟通中最为重要的环节。

天 赋 小 随 堂

沟通认知

1. 沟通不仅是"说话"

沟通是一个双向交互的复杂过程，需要参与者大脑多区域联动，同时调动多方面的能力。

2. 沟通也需"因材施教"

父母到底该采取什么方式与风格和孩子沟通，取决于父母对孩子的了解，要根据孩子的特质量身定制。

自省能力强的孩子，如何说才能让他坦然接受

生活中不难发现，有的孩子无论面对怎样的批评都觉得无所谓，但有的孩子敏感到承受不了任何程度的指责。

最近我收到一位妈妈的求助，让我吃惊的是，她苦恼的原因竟然是孩子不够有阳刚之气。妈妈表示自己的孩子说不得、碰不得，明明是个大男孩却喜欢掉眼泪。可在我的印象中，她的孩子阳光好动，从体格和毅力上来看也不存在抗压性弱的问题。那么，这个孩子到底怎么了？

一、自省能力强的孩子对外界批评格外敏感

通过与妈妈的沟通，我了解到这个孩子其实并不是没有阳刚之气，而是因为他有很好的自省能力。

自省能力属于内省智能的细分，指对自己有认识、洞察和反省的能力，表现为能正确地认识和测评自身的情绪、意向、动机、脾气和欲望，并能在此基础上形成自我定位、自律、自知和自制的能力。自省能力强的孩子通常自我反省能力强，凡事都喜欢从自己身上找原因。

上文中的孩子就是一个自省能力强的孩子，他本身已经有很大的精神负担，因此当他面对外界批评时会格外敏感，往往会自动将父母的询问内化成批评。

可这并不意味着自省能力强是孩子的一个缺点。事实上对于孩子而言，自省能力强至少有两个突出的优点：一是这类孩子很自律，一旦和父母达成某一项约定，会认真、主动地完成这项约定，不需要父母再三的叮嘱；二是他们愿意和父母以说话的方式进行沟通，即使遇到矛盾和冲突时，也愿意通过沟通来解决问题。

但凡事都有利弊，自省能力强的孩子由于过于向内找原因，很容易出现心态或情绪"崩溃"的情况。特别是当孩子处于青春期时，生理和心理发生巨大变化，更容易不知所措或内心感到慌张。

因此，父母在与这类孩子沟通的过程中如果语言犀利，或者给予太大的压力，会使孩子更加地自责，甚至自我否定。如果孩子长期生活在这样的环境下，轻则容易导致孩子抑郁，重则会迫使孩子离家出走。

所以父母在与自省能力强的孩子沟通时，切勿使用激将法。而对不同性格和天赋的孩子，只有找对路，沟通才能更顺畅。

二、父母面对"说不得"的孩子该如何沟通

既然自省能力强的孩子"说不得"，父母不妨从以下两个方面着手与孩子进行有效沟通。

1. 不批评，顺着来

自省能力强的孩子善于沟通，父母可以顺着孩子的特性，多采用沟通的方式向他提供解决问题或改正错误的方法。比如孩子有一道题做错了，父母可以与他一起分析做错的原因；孩子把一件事情办砸了，父母可以和他一起复盘，总结下次应该怎么做。

需要特别注意的是，父母在和这类孩子沟通的过程中，应尽可能避免当众批评。同时，父母在给这种类型的孩子选择老师时，也要尽量选择一些温柔的老师，来鼓励他们、陪伴他们。善于自省的孩子一旦碰上脾气火暴的老师，不但会感觉到巨大的压力，还会产生强烈的抵触情绪。

2. 适当示弱

我有一位朋友，她和她的先生都是大学老师，在孩子的教育上颇为用心。他们的孩子果果从小就生活在一个良好的阅读环境里，知识面广，是大家公认的"小学霸"。尤其让果果的父母感到欣慰的是，果果学习还特别自觉，所以极其让父母省心。

上幼儿园后，果果很快在同龄孩子中脱颖而出，她不但懂得多，和其他小朋友的交往也很融洽。但到了幼儿中班的下学期时，由于其他孩子的快速成长，果果的表现不再突出。这时的果果突然像变了一个人似的，不再爱去幼儿园，也不再像以前那样爱回答问题，整个人变得郁郁寡欢。

果果之所以会有这样的变化是因为她在经历自己的瓶颈期，无论发育得快慢，每个孩子在成长的过程中一定会经历自己的瓶颈期。当果果在幼儿园发现自己不再像以前那样受到小朋友和老师的关注时，心理上受到了很大的打击。

让人感到遗憾的是，果果出现这样的情况后，我的朋友没有真正地去了解孩子的内在原因，反而在与孩子沟通时只是一味地批评，甚至反复追问孩子为何不上进，还给孩子报了大量课外辅导班，使出种种"激励"手段想让孩子恢复曾经的状态。但没有想到的是，父母逼得越紧，效果反而越差。后来发展到父母一张嘴，孩子就哭。

这显然是一种错误的沟通方式，我在与朋友交流后给出两个建议：一是拓展果果的知识量，给她的知识蓄水池持续加水；二是父母要适当示弱。

何为"适当示弱"？比如父母可以在遇到某个问题时说："哎呀，这个问题我也不知道怎么解决。"示弱的目的是让孩子知道每个人都有自己的知识盲点，这是一件十分正常的事情。这样才能让自省能力强的孩子在类似的境遇下不会过于懊恼、自责，从而逐渐接纳自己、认可自己。

值得庆幸的是，朋友听从建议开始按照我的方法与果果进行有爱的沟通，最终帮助果果顺利度过了痛苦的瓶颈期。如今的果果又开始在学霸的道路上"一路狂奔"，经历过这一切的果果也将在以后更加勇敢地面对困难与挫折。

天赋小随堂

自省能力测试表

特征	是	否
孩子是否讲道理、好沟通？		
孩子是否容易养成做一件事情的规律？		
孩子的自尊心是否很强？		
孩子是否注重公平、遵守规则？		

针对以上4个特征，请父母仔细观察孩子，并根据孩子的表现在"测试表"的"是"或"否"栏内画"√"。

如果你的孩子基本符合3个以上特征，那么恭喜你，你的孩子属于自省能力强的孩子，在与这类孩子沟通时你可以采取"不批评，顺着来"和"适当示弱"的方法。

不守规则的孩子，如何说才能让他自律

有两个孩子的父母心中都有这样一个疑问：用同样的方式教育同父同母的孩子，为什么效果往往会有天壤之别？我的女儿有位同学，他的妈妈最近两年甚至被家里的二宝"逼"到轻度抑郁。

两个孩子都是男孩，哥哥小时候虽然调皮但规则意识强，妈妈带着他制定每周的时间表和零花钱制度时，他都能积极配合并认真执行，几乎没让妈妈太费心。

没想到同样的方法用到弟弟身上却全部失灵，许多事情即便妈妈反复和弟弟约法三章，最后弟弟都能推翻不执行。学习上更不用提，妈妈屡次尝试让弟弟遵照计划安排作业完成时间，但从来没成功过。

一、自制能力弱的孩子没有规则意识

弟弟会出现这种情况，主要原因是自制能力弱。

自制能力弱的孩子，自控能力相对差，也就是不自律。这类孩子往往自省能力也比较差，没有规则意识，对于打破规则没有感觉，更没有能力做到遵守规则。因此在生活和学习中这类孩子往往给人不听话、不好管、说话不算数的印象。

弟弟便是典型的自制能力弱的孩子，因为"屡教不改"没少挨爸爸妈妈的打，可仍然收效甚微。他实际上并不是故意和父母对着干的，只不过在他看来规则本身并不重要。

这类孩子通常被冠以"情商低"的标签，他们不会根据情景和对方的反应随机应变，还总是无意识地打破规则，所以在沟通方面非常吃亏。甚至即便是在家里和父母亲人交流、相处，他们也很可能会被"嫌弃"。

然而自制能力弱的孩子也有其独特的优点，具体体现在以下三点。

第一，这类孩子因为不善于"内省"，不会在沟通相处时反复琢磨对方的语义与感受，也不好面子，所以有话直说，有话敢说，容易做到坚持己见，有一股"咬定青山不放松"的韧劲。

第二，这类孩子通常不会瞻前顾后，不怕犯错，能冲能闯，有拼劲。

第三，这类孩子因为敢于打破规则，所以创新力强。所谓不破不立，一个人只有跳出思维局限才能推陈出新。

二、父母该用什么方法来替代"打"

很多父母在被自制能力弱的孩子气到不能控制情绪时，会试图用"打"来让孩子"长记性"。可实际上面对这类孩子，父母最应该做好长期陪伴和监督的心理准备，不能试图用"暴力手段"实现孩子的改变。

在和这类孩子沟通时，父母应该从以下四个方面入手。

1. 包容而非强压

与自制能力强的孩子习惯内归因恰好相反，自制能力弱的孩子遇到任何事情都喜欢找外在的原因，所以这类孩子的突出表现是不爱认错，常常给人"睁着眼睛说瞎话"的感觉，难免让人火冒三丈。如果父母此时采用强行压制的方式，孩子在当时可能被"制服"，但他内心中未必真正理解自己的错误，久而久之，除了打击孩子的自信心，还有可能激化孩子与父母的矛盾。

对于这类孩子父母应该怀有包容心，要耐心地和他说通道理，并且给他充足的时间自查自纠。一旦孩子可以自己想通自身的错误点，他就不会再过于"不可理喻"。

2. 分阶段提升孩子的自律能力，一个阶段只提一个小目标

对于自制能力弱的孩子来说，自律是一件很难的事情，所以父母一定要最大限度地理解孩子，不能操之过急、求全责备。

父母可以通过目标拆解法训练孩子的自律能力，在一个阶段内只向孩子提出一个具体的自律小目标。比如将第一个月的自律目标设置为"早上按时起床，晚上按时睡觉"，只要孩子做到这一点父母就及时表达认可，而在这个月内暂时不对其进行额外的自律目标检查与监督。

同时父母还要注意务必把生活目标和学习目标区分开，避免孩子因为感到太难实现而不愿继续配合。

3. 制定明确可视化的奖惩机制

由于自制能力弱的孩子自身对规则没感觉，所以需要父母用奖惩机制向孩子强化规则意识。

在规则的制定过程中，父母一定要做到规则清晰、奖惩明确，不可朝令夕改，否则规则便会失去其应有的严肃性和权威性。而且父母应该让奖惩机制可视化，将相关记录及时、全面地贴出来，让孩子每天都能看到。同时，每次奖励都需要及时兑现，否则会失去其激励效果；若有处罚，父母要及时带领孩子复盘，分析原因，并制订出改进的具体行动计划。

父母在督促孩子执行规则时需要"温和而坚定"，做到长期坚持。让自制能力弱的孩子理解、习惯规则，并且将之内化成自律意识，形成自律能力，这需要一个漫长的过程，而这个持续练习的过程离不开父母的长期督促。

4. 重中之重：管住嘴

父母还要牢记的重要原则就是管住嘴。自制能力弱的孩子通常每天都会有若干个激怒父母的点，如果父母因此生气则会终日不得安宁，并且越想越气陷入恶性循环。

不妨换位思考，我们每个人都有小毛病，成年人改掉自己的毛病也不是一朝一夕的事情，甚至有时候我们都会放弃改变自己。所以不要在面对孩子的时候实行双重标准，每当忍不住想斥责孩子的时候不妨先尝试让自己冷静下来，再选择最重要的问题与孩子进行分析讨论，或许这样反而会更有效。

天 赋 小 随 堂

自制能力测试表

特征	是	否
孩子是否不爱认错？		
孩子是否习惯于自己说了算，比较霸道？		
孩子是否常常打破规则？		
孩子是否对自己定的事情也会转身就忘？		

针对以上4个特征，请父母仔细观察孩子，并根据孩子的表现在"测试表"的"是"或"否"栏内画"√"。

如果你的孩子基本符合3个以上特征，那么基本可以判断，你的孩子自制能力相对较弱。在面对孩子时你可以采取"包容而非强压"的方法与其沟通，分阶段提升孩子的自律能力，一个阶段只提一个小目标，且制定明确可视化的奖惩机制，并牢记管住嘴。

"没心没肺"的孩子，如何说才能让他"当真"

　　我们小时候都听过"哭婆婆"和"笑婆婆"的故事，它意在教育孩子要乐观，应该正向思考问题。可现实生活中往往有一类孩子，不仅天生乐观，甚至还乐观到了"没心没肺"的程度。

　　成成就是这样一个乐观的孩子。有一次数学考试，老师规定每错一道题就要做一页卷子，而成成光口算题就错了三道，我不禁替他发愁："你今天好惨啊，这么多卷子，要做到什么时候？"

　　没想到成成说："佳玫老师，我多做点题没关系的。"

　　"为什么啊？"我很是吃惊。

　　"我们老师说了，可以拿多做的题去换奖券，你看我有很多奖券。"

　　说到这里时，成成开始兴高采烈地数奖券，看上去完全忘记要写卷子的事。同样的事情发生在悲观的孩子身上，他们大多数人一定会像"哭婆婆"一样发愁，担心什么时候才能完成任务，可乐观的孩子却总能将眼前的麻烦事看作一件让人开心的幸运事。

一、乐观自在程度高的孩子抗打击能力强

　　成成之所以如此表现，是因为他属于乐观自在程度高的孩子。在多元智能中，人际智能是举足轻重的一部分，而**乐观自在是决定人际智能强弱的细分能力之一，它所代表的是在面对挫折时比较容易自我恢复，脱离负**

面情绪的能力。

乐观自在程度高的孩子遇事一般往好处想，没什么烦恼，这类孩子的抗打击能力强，在心理上不容易受伤，父母从来不用为他们的情绪担忧。这种特质不但能给孩子带来更多的幸福感，还能在孩子碰到挫折和坎坷的时候，给孩子带来强有力的切实帮助。

我曾经认识一位先天青光眼的特殊女孩，医生在她2岁时就暗示过她以后会达到全盲。12岁时，她因为眼压忽然升高进入手术室，术后第二天眼压还没降下来，爸爸妈妈的心都提到了嗓子眼儿上，可女儿反而召集了很多住院的孩子来到病房里，玩得无比欢畅。因为一直以来的积极乐观，这个女孩不仅没有患得患失，未受眼疾隐患的任何影响，反而生活健康，学业优秀。

乐观自在程度高的孩子带给父母的烦恼当然也不少，这类孩子因为性格开朗、心态开放，所以他们在学习的时候会更重视娱乐性，享受别人的关注或表扬，但对最终的学习结果并不关心。因此父母在为这类孩子选辅导班的时候，要注意保持理性，认真选出适合他们的课程。尤其是对需要持续投入大量时间和精力的课程，比如奥数、钢琴等，父母更要审慎地分析孩子的优缺点，切实做好教育规划之后再做决定。

除此之外，乐观自在程度高的孩子还有一个突出的问题，他们往往自我标准设定低，对生活和学习的方方面面都会过于乐观。比如当父母觉得孩子成绩还不够好时，他有可能觉得已经足够好了，如果父母标准较高，则很容易与这类孩子产生冲突。

实际上父母没必要跟乐观自在程度高的孩子在此类事情上置气，因为这类孩子即便被父母批评了，内心里也不会当回事，最后不仅解决不了问题，还会落得父母独自生闷气的境遇。

二、父母该如何与"没心没肺"的孩子沟通

虽然父母在面对乐观自在程度高的孩子时既无法斥责也不能生气，但用以下两种态度和这类孩子沟通，也能很好地在遵从他们特质的情况下做到有效引导。

1. 该严肃就严肃

既然乐观自在程度高的孩子对自己要求不够严格，父母就一定要替孩子严格把关，该批评时要严肃批评。父母不用担心孩子心理"扛不住"，这类孩子通常善于自我疏解情绪，不会"记仇"，乃至为此郁结。

需要注意的是，柔性策略不适合这类孩子，越是对他们放松要求，他们便越会嘻嘻哈哈、毫不在意，最终导致标准一降再降。因此父母在为这类孩子选择课外辅导班时，要尽量选择要求相对严谨的老师，以便能有效地确保学习效果。

2. 切忌过于强势

严格归严格，面对乐观自在程度高的孩子，父母仍然不可过于强势。这类孩子虽然看上去"没心没肺"，但其实善于捕捉他人的情绪，并能灵活调整自己的反应使沟通更为舒适和顺畅。所以一旦碰到强势的父母，这类孩子很可能会形成过于迎合的习惯。

我曾亲眼目睹过一位妈妈在不到两小时的时间里，接到了七八通来自女儿的电话。十几岁的女孩在电话那头却表现得像个低龄孩子，每通电话里她都十分喜悦地跟妈妈汇报各种生活、学习上的细节，每次挂电话前她都不会落下一句"妈妈我爱你"。

这位妈妈却非常严肃，女儿频繁打来电话她其实已经有些不耐烦，从简短的应答到后来甚至开始敷衍，可女儿丝毫没有"受挫"，"暖心电话"仍然不断响起。

进一步交谈后我了解到这位妈妈平时比较强势，孩子因为怕妈妈生气

才会频繁揣测妈妈心里的想法，再以此调整自己的语言或行为，以求得妈妈高兴。

诸如此类的现象在生活中并不少见，而这种习惯并不是一件好事。时间一长，孩子便会形成不断迎合、不断付出的习惯，这种习惯与性格对于日后交友、处世往往弊大于利。因此在面对乐观自在程度高的孩子时，父母应时刻提醒自己不必过于强势。

天 赋 小 随 堂

乐观自在程度测试表		
特征	**是**	**否**
孩子笑点是否很低？		
孩子上课表现是否特别积极，喜欢互动？		
孩子是否非常容易满足？		
孩子是否在受打击后能快速恢复？		

针对以上4个特征，请父母仔细观察孩子，并根据孩子的表现在"测试表"的"是"或"否"栏内画"√"。

如果你的孩子基本符合3个以上特征，那么恭喜你，你的孩子乐观自在程度较高。在面对孩子时你可以采取"该严肃就严肃"的方法与其沟通，同时也要切忌过于强势。

"慢热型"孩子，如何说才能让他不认生

小朋友在刚刚进入幼儿园时，因为不适应与害怕，绝大多数都会哭哭啼啼，但基本上在度过磨合期后就很少再有哭泣的现象。可有一位叫元元的小朋友，却哭得连见惯"大场面"的老师都不由被震惊。

可爱的元元在别的孩子都已经度过入园磨合期，基本不再频繁哭闹后，还是过不去这个坎儿，每天早晨到了幼儿园便紧紧抱着自己的小书包和各种玩具，坐在换鞋柜上哭得停不下来。这种马拉松式的哭法几乎整整持续了两个月，不仅把老师折腾得够呛，连他的爸爸妈妈也十分崩溃。

一、趋避特性弱的孩子适应新环境格外艰难

从多元智能的角度分析，元元的情况归因于人际智能中一项细分能力——趋避特性。

所谓"趋避特性"，"趋"是向前，"避"是后退，这代表着一个人面对新环境的适应度。趋避特性强的孩子，在人际交往中能适当把握前进后退的时机和幅度，所以更容易快速融入新环境，乐于接受新鲜事物。反之，孩子则往往表现得很认生，尤其是面对不熟悉的人或事，他会本能地先退后。

进入幼儿园是所有孩子人生中的一道大坎儿，这是他们第一次离开熟悉亲切的家庭进入一个全然陌生的环境，趋避特性偏弱的孩子适应起来会格外艰难，在这样的情境下，元元的内心其实也极为崩溃。

与之相似的情况还有很多，比如有的孩子平时英语口语十分流利，可去国际学校做入学面试时面对陌生的考场和考官就变得结结巴巴；有的孩子一向是尖子生，可每逢初一、高一更换学校与老师的阶段，成绩就蹭蹭地往下滑……究其根本都是因为孩子不能迅速适应新环境。

对新事物的本能抵触导致这类孩子遇事容易往坏处想，遇到任何事都会觉得非常难。有些孩子哪怕成长到足够成熟，能自行明确地察觉到自己的"悲观"特征后，仍难以自控。旁人提出的新点子，他的第一反应通常是拒绝，会控制不住地想：这件事太难，做不成。

二、"小家子气"的孩子恰恰需要更多的爱

正因为这类孩子有这么多显见的"缺点"，许多父母会抱怨孩子"小家子气"，甚至觉得孩子太懦弱，指责之余还试图强行"锻炼"孩子。其实这反而不可取，父母一旦发现自己的孩子趋避特性弱，首先应该留意以下三点。

第一，从孩子的毛病中跳出来，先看优点。

趋避特性弱的孩子不喜欢社交，但这也恰恰是其独特的闪光点。在人际交往中，这类孩子的注意力会聚焦在事情本身而非人际关系，因此不怕得罪人，能坚持高标准，专心将事情做好。

第二，这类孩子只是慢热，接触新事物时更审慎，会观望一段时间。所以父母一定要先接纳，给他们充足的时间。

所谓一花一世界，一叶一菩提，每个人在适应环境时都有属于自己的节奏。父母要注意不应强迫孩子在陌生的环境下彰显自己，比如和陌生人打招呼，上台表演节目，参加竞选等。

如果需要让孩子尝试新的事情，父母可以让他自己先琢磨、做选择，体谅接受新事物给他带来的巨大紧张感。比如孩子要学新乐器，父母可以先带他去教学环境体会一番，给他情绪缓冲的时间。父母还可以和老师做

好沟通，让老师在教学时保持亲切的态度，并且先安排一些简单的任务，帮助孩子快速放松。

第三，父母应尽量让孩子周边的环境保持稳定，不随便转学、换老师，即便不可避免地需要做出变换也要给孩子足够的时间去适应。

然而值得注意的是，虽然趋避特性弱的孩子会特别念旧，适应新环境的速度很慢，但他一旦适应后便不会有太多的问题，所以父母也不必太过于担心。

三、父母该如何与"慢热型"孩子沟通

父母在面对这类"慢热型"孩子的时候，也有下面两点沟通上的小技巧值得留意。

1. 小心你的否定

英国第一位女首相撒切尔夫人曾说过一段微言大义的话："小心你的思想，它会变成你的语言；小心你的语言，它会变成你的行动；小心你的行动，它会变成你的习惯；小心你的习惯，它会变成你的性格；小心你的性格，它会变成你的命运。"

由此可见，语言对一个人的影响尤其深远，而在日常生活中，许多父母与长辈不易注意到这点，并且习惯于进行负向沟通。比如长辈把饭做好后需要喊孩子吃饭时，正向沟通的表达通常是"饭做好了，快来吃饭吧。"可大多数时候长辈的惯常说法则是"饭做好了，不知道吃饭吗？""饭做好了，你还不来？"

这种糟糕的反问语气传递出来的是质疑，是否定，是一种十分负面的情绪，甚至可能让孩子也在不知不觉中形成相似的语言风格，对孩子的行动、习惯、性格乃至命运造成影响。

对趋避特性弱的孩子来说这样的否定式沟通更是灾难。时间一长，孩子的自信心便会被击碎，不需要旁人否定便率先自我否定，在内心中认定

诸事皆难。这样的沟通还会导致孩子做事情时容易陷入发愁和苦闷的情绪里，不论是逃避还是硬着头皮做，都不会有好状态与好结果，就此陷入恶性循环。

2. 正向引导

越是趋避特性弱的孩子，越需要正向引导，这一点学校教育很难顾及，但家庭教育可以尽心做到。生活中虽然有许多不如意，但在孩子的童年和少年期，父母还是应该尽可能地让他们感受到正面、积极的"阳光"力量。

当发现孩子闷闷不乐、遇事退缩时，父母不妨试试和他来场意有所指的辩论赛，比如邀请他一起讨论"是晴天好还是雨天好"，大多数孩子会下意识地认为晴天更好，父母此刻便可以试着引导他去感受雨天的好：雨天可以穿着雨衣去蹚水，运气好的话还可以看到难得一见的彩虹。父母通过这样的正面发散式启发可以让孩子感受到生活中更多的积极面。

天 赋 小 随 堂

趋避特性程度测试表

特征	是	否
孩子是否更喜欢独处？		
孩子是否对没见过的食物不愿尝试？		
孩子见了生人是否发怵？		
孩子遇事是否更倾向于往坏处想？		

针对以上4个特征，请父母仔细观察孩子，并根据孩子的表现在"测试表"的"是"或"否"栏内画"√"。

如果你的孩子基本符合3个以上特征，那么基本可以判断，你的孩子趋避特性偏弱。在面对孩子时你需要注意不要总否定孩子，可以采取"正向引导"的方法与其沟通。

沉默寡言的孩子，如何说才能让他肯开口

有句俗语叫"贵人语迟"，意思是为人要谨言慎行，不要夸夸其谈。但不知何时这句话变成了一句心理安慰——当有些父母在面对自家说话晚，或者话少的孩子时，便会这么开解自己。这样的安慰往往是一种逃避，馨馨的妈妈就因此错过了解决问题的最好时机。

当时馨馨已经7岁了，她的妈妈辗转找到我是因为馨馨除和自己的父母与妹妹说话外，从不和其他人说话。小朋友们参加Party，大家一起做饭、做游戏，叽叽喳喳地玩得十分开心。馨馨虽然也全程参与，但在长达两小时的时间里她一句话也没说。甚至在学校里也一样，哪怕上阅读课馨馨都不开口。

详细了解后我才知道，在馨馨接近2岁的时候妈妈曾离开大约半年时间去国外工作。妈妈当时特意从老家找来一位阿姨，方便更好地照顾馨馨，但这位阿姨说话有些大舌头，这直接影响了馨馨的语言发音。等馨馨到了上幼儿园的年纪，由于发音不清楚常常受到小朋友的嘲笑，所以说话越来越少，直到完全不再开口，甚至"固执"到就算和小朋友发生冲突，或者有其他不高兴的事情，馨馨也只是"生闷气"，从不会主动表达。

一、语言模仿弱不仅影响说话还影响思维

显而易见的是，馨馨之所以采取无言的反抗是因为她的语言模仿能力

出了问题。

在多元智能中，数理逻辑智能会影响孩子的语言表达，而语言模仿能力正是影响数理逻辑智能强弱的细分能力之一。**语言是思维的外化，没有思维，语言就失去了支撑；同样，如果离开语言，思维也会混乱。当一个人在思考问题时，往往是在运用语言对自己掌握的知识进行思维加工。**

因此语言模仿能力弱的孩子通常会呈现出以下三大问题。

第一，惜字如金。

这类孩子不爱说话，"不会"说话，在人际交流中往往不占优势，很容易产生自卑心理。

第二，思维能力不佳。

据馨馨的老师反映，馨馨在上课时常常一脸茫然，反应迟缓。这是因为语言模仿能力与逻辑思维能力紧密相关，因此语言模仿能力的弱势也造成馨馨的逻辑思维能力训练不足。

第三，说话做事没有重点。

这类孩子由于抓不住事情与问题的主线，所以往往会从细节入手，导致因小失大。

孩子语言模仿能力的发展受外界环境影响较大，有十分明确的关键敏感期，且这个敏感期相对较短。大多数孩子在1岁左右开始学说话，1~2岁是孩子语言发展的关键时期，等到孩子2~3岁时则进入语言爆发期，这时的孩子最爱通过模仿大人尝试表达。

这段时期多数孩子还没有进入幼儿园，所以家庭的影响是核心中的核心，出现在家里的每个人都可能成为影响孩子语言发展的决定性因素，这一点很容易被父母忽略。比如馨馨的妈妈，她虽然知道阿姨有些大舌头，起初却并没太在意，等到发现后果严重时时光已不能倒流。

二、父母如何和"不会说话"的孩子说话

如果因为各种原因孩子在语言发展上已经呈现出偏弱的现状，父母可

以尝试从以下三点对孩子进行语言上的良性引导与改善。

1. 早发现，早引导

在引导过程中，父母不要强行纠正孩子，否则孩子因情绪紧张反而更容易逆反。仍以馨馨为例，在她三、四岁的时候爸爸妈妈可以这样做：

● **和孩子说话时蹲下，进入视觉平行阶段。**

此时孩子会觉得她和你是平等的，在一定程度上可以鼓励她建立沟通欲望，消除自卑。

● **等孩子说完之后，先不要着急纠正她的错误，而应该复述孩子表达的意思。**

比如告诉孩子："妈妈听懂了，你说的意思是……对吗？"如果孩子说不是，可以重新对话，父母再重新理解、重新表达，反复多次直到语义传达无误为止。

● **如果孩子发展到只是某几个少数的音节总掌握不好，不要直接指出她"错了"，可以换一种方式对她的发音进行纠正。**

比如我姐姐的儿子总分不清"l"和"n"，他关心妈妈时会说："妈妈，你něng不něng呀？"这时妈妈便会说："对不起，妈妈没听清你想说的，是不是'你冷不冷'啊？"他说"是"时妈妈就可以结束对话。

2. 多表达，当众表达

即便孩子已经过了语言敏感期也不用着急，父母如果坚持加强训练，孩子的语言发展依然能得到大幅改善，只是改善的速度会相对慢一些。

最好的做法就是让孩子多表达，父母务必给其充分的表达机会。因为这类孩子本身就不爱说话，如果父母过于强势或总嫌弃孩子说不清楚，孩子便会陷入不敢开口的恶性循环。

比如当孩子看完一本书时，父母不妨和他聊聊这本书的核心内容，从泛读文字到形成口头语言的过程，可以很好地锻炼孩子的思维和语言表达能力，有条件的情况下，父母还可以偶尔召集齐家里的亲朋好友，让孩子练习当众表达的能力。

3. 转移表达方式

除此之外，转移表达方式的方法也十分有效，我们常常会忽略表达方式不止语言这一种，实际上绘画、唱歌、舞蹈都是非常好的表达方式。

以画画为例，因为老师在教孩子学习画画时，往往会要求孩子细致地观察并记住图像，甚至要求孩子先用语言表达出来，以达成对画作的准确理解。这种自我抒发方式也便于促进绘画者口头语言表达能力的提升。

曾有一位非常有经验的画家跟我说过："一幅好的作品，四分靠画六分靠讲。"这种面对画作的表达比日常表达更细腻。一个没学过画画的孩子在描述树叶的颜色时可能只会说树叶是绿色的；但一个学过画画的孩子可能会告诉你，当太阳照射在树叶上，从不同角度看，有的树叶是绿色的，有的树叶是黄色的，而晚上的树叶会是黑色的。

所谓触类旁通，一通百通也是一种很有效果的学习方式。

天赋小随堂

语言模仿能力测试表

特征	是	否
孩子是否不喜欢说话？		
孩子讲一件事情时结构、顺序是否有些混乱？		
孩子说服别人时是否特别吃力？		
相比吵架，孩子是否更爱生闷气？		

针对以上4个特征，请父母仔细观察孩子，并根据孩子的表现在"测试表"的"是"或"否"栏内画"√"。

如果你的孩子基本符合3个以上特征，那么基本可以判断，你的孩子数理逻辑智能偏弱。在面对孩子时你需要早发现，早引导，可以采取鼓励孩子"多表达，当众表达"和"转移表达方式"的方法与其沟通。

能言善辩的孩子，如何说才能让他听进去

有一种孩子姓"常"，名字叫"有理"，仿佛全天下的人都说不过他。无论他事实上对错如何，至少在嘴上他永远都不会承认错误。这样的孩子在生活中并不少见，常常让父母感到"有理说不清"。

我的邻居就为此经常和儿子置气，这位工程师爸爸为人沉稳，话也不多，但儿子可乐却特别活泼爱说话，常常"未见其人，先闻其声"。可乐刚会说话的时候爸爸还为此感到自豪，但随着孩子慢慢长大，爸爸开始渐渐感到力不从心，尤其是每当他试图提醒可乐犯错的时候，可乐从来都不会虚心接受。有时候爸爸只说了一句，他却能连珠炮似地回复十多句，且听起来似乎逻辑缜密、极有道理的样子，爸爸常常被可乐小小年纪的诡辩气得说不出话来。

一、逻辑推理能力强的孩子"常有理"

从多元智能的角度看，"常有理"的孩子通常是数理逻辑智能强，且在决定数理逻辑智能的细分能力——逻辑推理能力上往往表现尤为突出。

人类的语言表达通常由"逻辑"支撑，一个人"说"清楚的前提是"想"明白。孩子"逻辑"越强，越能快速归类整理从外界吸收来的各类信息，方便其组成合适的语言并进行口头反馈。因此逻辑推理能力强的孩子在思维的外化表现——语言上，具备很大的优势。

虽然对于孩子来说逻辑和语言能力强能为学习与成长带来很大的帮助，是不可多得的一大优点，但这类孩子的缺点也恰恰在于太会说、太爱说。我认识的许多父母都曾为此发狂：我家孩子会一直这么能说吗？实在是太吵了！

其实"吵"并不是这类孩子最大的问题，他们最大的问题是在与人交流中往往不善于倾听，总忍不住插话、抢话，在与人争辩时爱强词夺理，许多沟通最终都极易走向狡辩。他们往往享受嘴上的胜利，即便明知自己错了也会坚持"嘴硬"，如若是他得理则更不轻易饶人。这种个性无论是在与同伴相处还是学习合作中，都会产生很大的负面影响。

二、父母如何与能言善辩的孩子沟通

有的父母自己也是"常有理"，在面对这类孩子时便会相对理解孩子；但有的父母说话讲究，便会难以忍受孩子的个性，在沟通中很容易与孩子产生难以调和的矛盾。

对于这类孩子，我的建议是尽可能正向发挥孩子的优势，比如鼓励孩子参加讲故事比赛、演讲比赛一类"抛头露脸"的活动。因为孩子在逻辑和语言方面优势突出，参加这样的活动很容易出成绩，孩子可以从中获得成就感。

但父母仍不可松懈日常生活中对孩子的引导，比如让孩子多读书，注意培养孩子的耐心，让他们学会倾听等。因为逻辑只能让孩子言辞清晰，但足量的阅读与对内容的全方位理解，能让孩子真正做到"出口成章"。

落实到具体的操作方式时，父母和这类孩子沟通的最好方法便是"**结构化思维**"＋"**结构化表达**"。父母在与其沟通时言辞要力求结构完整，一针见血，提升交流质量。通过这样的沟通孩子不一定"口服"，但至少能做到让他"心服"。

比如父母可以参照以下初、中、高三级沟通策略。

1. 初级沟通策略：比较法

- 父母在和孩子沟通时，先明确沟通目标，确定双方的沟通在一个范围内进行，避免孩子的思考和表达过于发散；

- 然后父母和孩子一起讨论制订两到三种解决方案，确保孩子全程参与；

- 接着父母可以对这几种方案进行优劣分析和比较，以顺应孩子"逻辑"强的特点；

- 最后让孩子确定一个执行方案。

这种全程比较式的讨论对于爱说且能说的孩子尤其有效。

2. 中级沟通策略：让孩子先说

父母可以让孩子先说，再从孩子的表达中梳理出结构化的框架，然后和孩子一起确认他所说的内容中哪些是有效信息，同时将无关信息剔除，以使主题更为突出。

在对话时，父母需注意不要面面俱到，否则便偏离了沟通的主题，显得唠叨。亲子沟通中倾听永远比表达更重要，父母要做到少说多听，在倾听孩子表达时，一定要做到用心、耐心、细心。

3. 高级沟通策略：把语言换成书信

古人有言：怒不与人书。意思是生气的时候别给他人写信，容易伤害到对方。自古以来我们都习惯于在写信前调整好自己的情绪，尽量保证笔下的文字不具备太狠的杀伤力，因此书面表达能力强的父母可以尝试少说多写，采用书信交流的方式。

写信作为一种延迟反馈的表达方式，比起即时反应的"说话"往往具有更柔和的沟通效果，写信者不用担心一时把控不当，抛出像钉子一样扎伤对方的语言。著名作家王朔、麦家等都在这方面做出了很好的示范。

对于和孩子同为"常有理"类型的父母，还需要特别提醒一点，虽然这类父母更容易理解与自己个性相似的孩子，但"强强相遇"，亲子双方都杠在一个问题上抢着说话并且都很难说服对方时，往往会导致战争不断升级。这时建议由父母主动叫停，"中场"休息平静心绪后再论其他。

天赋小随堂

逻辑推理能力测试表

特征	是	否
孩子说起话来是否滔滔不绝？		
孩子说起话来是否一套一套的？		
孩子是否很喜欢辩论？		
孩子是否爱接话、抢话？		

针对以上4个特征，请父母仔细观察孩子，并根据孩子的表现在"测试表"的"是"或"否"栏内画"√"。

如果你的孩子基本符合3个以上特征，那么基本可以判断，你的孩子逻辑推理能力强。在面对孩子时你需要注意结构化表达，可以采取"比较法""让孩子先说""把语言换成书信"等方法与其沟通。

"玻璃心"的孩子，怎么说比说什么更重要

在一个周五的晚上，一位妈妈非常不好意思地在临近11点时给我发来信息，沮丧地问：为什么我每次和女儿说不了几句，就会吵起来？

当天是住校的女儿周末回家的日子，原本非常开心的妈妈在看到女儿玩了一晚上的手机后便忍不住随口说了两句，没想到女儿的反应十分强烈，女儿身上蹿起的小火苗又点燃了妈妈的情绪，母女俩越说越激动，最终以一场大吵狼狈收场。事后，妈妈把自己关在房间里调整了许久的情绪，却越想越不解，越想越委屈。

妈妈无奈地问我："她今年14岁，我们这是不是更年期撞上了青春期？"

在详细了解母女俩日常的沟通方式后，我告诉她：这是妈妈的表达模式和孩子的倾听模式不匹配造成的。我们在日常生活中经常能见到，同样是亲子沟通，有的父母子女之间能如沐春风，有的则像互相点燃了对方的"引信"，随时都要爆炸，这些状况取决于同一个因素：沟通双方的沟通状态是否匹配。

一、辨音听力强的孩子更在意听情绪

从多元智能的角度看，孩子的倾听模式通常与音乐智能相关，而决定音乐智能的细分能力之一就是辨音听力，这一能力对孩子的倾听模式起着

十分重要的作用。所谓辨音听力，是对音律和频率的辨别能力。辨音听力强的孩子，通常关联记忆也较好，即对有关联性的人、事、物能保持长久的记忆。

辨音听力强的孩子在沟通中很容易出现剧烈的情绪波动，因为除了对音节高低、强弱的变化敏感，他们对交流过程中对方的语音、语调的变化也同样敏感。这类孩子不仅因此在听弦外之音方面能力突出，还容易对他人沟通言辞中态度、语音、语调的变化产生大量的联想，许多细微的变化都会严重扰乱他们的心绪。

而辨音听力弱的人便不太关注那么多语音、语调上的细节，说话直来直去，不太顾及他人感受，有时对方语气已经明显不愉悦他们也听不出来。

这对母女便是辨音听力一强一弱的组合，女儿的辨音听力很强，她在交流时非常在意别人对她的评价，注重语气、语调，能够敏锐地捕捉对方情绪上的细节变化，一旦对方的情绪"露出马脚"，她甚至不会理会对方的语言在表达什么。简言之，女儿是"听情绪"的人。

而妈妈的辨音听力则较弱，她在沟通中更注重沟通效率，说话紧抓重点而不考虑太多其他的因素，心里怎么想嘴上便怎么说，争吵中她常常会忽略对方的表情和语气，更不会关注对方的情绪波动，只注重对方的内容表达。简言之，妈妈是"听内容"的人。

当"听情绪"的孩子碰上"听内容"的妈妈时，双方的表达模式和倾听模式完全不在一个频道。妈妈专注于表达观点，既不在意对方的情绪，也不注意把控自己的情绪；孩子更注重妈妈的说话态度，且自身容易感染到从对方听来的情绪，却并不愿意关注对方表达的内容。由此一来，"战争"也就在所难免。

二、父母怎样和"顺毛驴"型的孩子沟通

辨音听力强的孩子是典型的"顺毛驴"，对他们来说"怎么说"比

"说什么"更重要。因此我常常不厌其烦地提醒父母,在与孩子沟通的时候不能本能地用自己喜欢的方式说想说的话,而要尝试着用孩子爱听的方式说孩子能听懂的话。父母在确定自己的孩子属于辨音听力强的"顺毛驴"后,可以通过以下三点加强与孩子的沟通交流。

1. 先肯定,再沟通

每个人在表扬他人的时候,语音、语调通常都相对柔和,往往还会充满鼓励温暖的色彩。辨音听力强的孩子能敏锐地捕捉到语言中的情绪,心情自然也会随之变好,在此基础上父母再指出其需要提高的地方,孩子的接受度通常都会比较高。

反之,如果父母一开始就指出问题,语气也会不由自主得严肃起来,这类孩子会认为父母对他的评价不高,错把并不严厉的简单指正当作批评甚至斥责。他便会自然地尝试进行解释、说明,试图扭转父母的情绪态度,而这种回应在父母看来却是在找借口。这种理解与接收上的错位便会一步步加剧亲子间的误会。

2. 杜绝翻旧账

有一部分父母喜欢揪着一件事情反反复复地说,尤其是部分父母总忍不住和孩子翻旧账。他们一旦发现孩子又犯了自己曾告诫过的错误,就习惯把陈芝麻烂谷子全翻出来一粒粒数一遍。

这对于辨音听力强的孩子来说也是一种负面"折磨",由于他们通常关联记忆能力也很强,因此这类孩子非常善于将各种相关信息进行关连并展开联想。如果父母在和他的沟通交流中提到某个很久之前的相似话题,他便会马上想起来接下来父母将要说什么,并联想起当时不快的感受。

这种情绪叠加在一起,沟通效果会更差,所以父母在和辨音听力强的孩子说话时一定要尽量简洁,最好每次只给出简单明确的信息,点到即止。

3. 及时按下暂停键

如果父母因一时疏忽已经与孩子摩擦出了语言冲突,要学会自己先宣告停战并接纳孩子的情绪。

法国著名思想家卢梭曾说过，世上最没用的三种教育方法就是讲大道理、发脾气、刻意感动。当你向辨音听力强的孩子发起质问、说教，甚至开始发脾气时，孩子会马上意识到你根本不理解他，从而在心理上出现抵抗情绪，此时他听不进任何意见与声音。

当双方都在气头上无法沟通时，父母应该及时按下暂停键，先暂时分开，各自将自己的紧张情绪缓解下来，等双方的怒气都消退后再平心静气地谈论大道理。如果父母能做到不但及时暂停还能同时给孩子一个拥抱，则更加完美。拥抱是父母对孩子表达关心和抚慰的最直接方式，尤其是在孩子年龄尚小时，一个拥抱往往能让躁动的情绪瞬间得到安抚。

天赋小随堂

辨音听力能力测试表

特征	是	否
孩子唱歌时的音准是否非常好？		
孩子的英语发音是否准确？		
孩子沟通时是否容易突然翻脸？		
孩子表达时是否比较委婉？		

针对以上4个特征，请父母仔细观察孩子，并根据孩子的表现在"测试表"的"是"或"否"栏内画"√"。

如果你的孩子基本符合3个以上特征，那么基本可以判断，你的孩子辨音听力强。在面对孩子时你可以采取"先肯定，再沟通""杜绝翻旧账""及时按下暂停键"的方法与其沟通。

倔强的孩子，如何说才能让他信服

由于时代的变迁，现在极少发生父母硬逼着孩子服从自己的意志的情况，父母在做决策前往往会先努力说服孩子，然而有一些孩子仍然会让父母感觉实在说服不了，晨晨的妈妈就常为此感到伤心：11岁的晨晨品学兼优，招人喜欢，朋友们都羡慕晨晨的妈妈，然而她也有不为外人道的烦恼——孩子太倔了！

尤其是这个特质随着晨晨年龄的增长越来越明显，平时小到穿衣吃饭，大到兴趣班的报名与假期安排，晨晨全都有自己的主意，妈妈要跟她商量点事情感觉特别困难，常常费尽口舌后却被晨晨两三句就顶回来。有时晨晨在妈妈苦口婆心的反复劝说下，也会敷衍地答应，但实际做起来总是阳奉阴违。晨晨的妈妈絮絮叨叨地找我诉苦：明明是为孩子好，怎么孩子就成心和我对着干？

一、"认知型"孩子不喜欢被说服

我相信和晨晨的妈妈有同样苦恼的父母并不少，其实孩子倔不倔也和先天特质模式有关，每个人的先天特质模式都不太一样，而它会支配个人行为，使人在变化的环境中表现出持久、稳定和一致的反应。晨晨便是"认知型"孩子。

"认知型"孩子的代名词是固执。换言之，这类孩子非常有主见，凡事会以自己发现、自己领悟为主，做事情不喜欢被他人干扰，更不会被他人的意见所左右，对于不同的观点会据理力争。而且有趣的是，"认知

145

型"孩子不喜欢被说服，却非常喜欢说服别人。正因为有这样的特点，"认知型"孩子的优缺点都很鲜明。

这类孩子的优点在于喜欢独立思考且思想十分具有开创性，还能展现较强的意志力与行动力，拥有竞争特质。当接受外部的信息和建议时，他们虽然不一定在第一时间马上认可并做出行动，却并不代表他们丝毫没吸收这些信息。实际上他们会针对看到或听到的信息做出自我分析，在真正理解并证实后再决定自己的想法和行动。

这类孩子的自主思考通常清晰、完整且有一定深度。比如要做一件事情，他们会想清楚目标是什么，路径是什么，资源怎么配置，何时可以取得里程碑成果，谁可以帮助我，如果失败了怎么办等一系列的目标要素，一旦他想通了，不仅执行力强还不会轻易动摇。

但"认知型"孩子的缺点也很明显，具体体现在以下三点。

第一，被自己的认知局限思维。

每个人的思考能力都会被自己的认知所局限，"认知型"孩子也同样如此，当他对一个事物的认知边界没有被完整打开的时候，可能会在很狭隘的范围内做判断，这就好比盲人摸象。

第二，因为固执而浪费时间，错过机会。

"认知型"孩子接受别人的建议需要一个自我认可的过程，这需要一定的时间。在一些关键选择上，比如选择学校、专业等，他们有时甚至会因为固执遭遇挫折、失败甚至遗憾。

第三，强势的说服欲容易导致人际关系紧张。

由于"认知型"孩子往往自认为已经思考得很全面，所以总希望别人跟他想得一样，热衷于说服他人。这种强势的说服欲很有可能会导致人际关系紧张，尤其是在亲子沟通中，如果恰好父母本身也是"认知型"，棋逢对手时便更难分高下。

二、父母该如何与倔强的孩子沟通

由于"认知型"孩子最大的特点是固执，所以只要他没有经过完整的自我分析，并且自我认知产生认同，无论父母如何苦口婆心他通常都不会理会。这在父母看来是拒不悔改、一错再错，但在他自己看来是坚持自己正确的路，为自己做主。

正如我再三强调过，每个孩子都是独一无二的，因此在亲子沟通中，父母应该更多地去顺应孩子的特质"因材施教"才会取得更好的效果。如果父母发现自己的孩子大概率属于"认知型"，不妨在沟通和相处中从以下两个角度着手。

1. 双手"投降"法

我常对认识的父母开玩笑说："如果你家孩子是100%'认知型'，那你的相处策略就叫双手'投降'法。"这里的"投降"指把决策的权力彻彻底底地交给孩子，让他自己拿主意，并绝对尊重他的意见。在这一点上最忌讳的是父母直接向孩子下达命令，这样很容易会惹怒孩子，激化双方矛盾。

但"投降"不代表彻底放手，父母在说服这类孩子时要顺应他喜欢问"为什么"的特点，把事情的来龙去脉、前因后果、逻辑关系充分地讲清楚，给出合理的解释和佐证，然后给他思考的时间。"认知型"孩子并非"听不进"，他只是固执地想要自己做判断，当他认为理由充分且合理时便会认同，而且一旦真正认同就不会再摇摆不定。

这个等待的过程对有些父母来说却很"痛苦"，尤其在父母明知道孩子的做法不对时。但对这类孩子来说的确别无他法，父母必须从内心接纳孩子的天性，甚至要咬牙忍痛看着他"撞南墙"。只有当生活教会他一些道理时，他才会真的理解和改变，这是这类孩子成长必须付出的代价。

2. 激发梦想

"认知型"孩子做事情需要有明确的理由，对于自己真正感兴趣或真心认同的事情才会有动力去做，所以这类孩子非常需要梦想。父母在和这类孩子沟通时言辞不必过于琐碎，但要着重关注大方向和主要目标。这类孩子喜欢沟通式的教导方式，父母需要对他们多引导多鼓励，少批评少责备，用柔性的方式引导他强化目标。

我曾经带着一位13岁的男孩去国外游学，当时还沉迷游戏的他学习成绩很差，父母忧心如焚，但孩子很倔，不管父母如何劝说依然我行我素。可是当我们在墨尔本全程观看完澳网决赛的实况转播后，他却激动万分地说："今天的比赛充分体现出了体育精神！矮子可以掀翻巨人，必须要自信和坚持住！"在那一瞬间，他仿佛重新唤醒了自己，从此恢复了属于他这个年龄段的青春朝气。

对"认知型"孩子的教育不能靠说教和压制，唯有激发这类孩子的梦想和使命感才能燃起他们自我成长的斗志和力量。当他们内心真正想要做，真正对自己有要求时，"面对挑战"对他们而言就不再是一段痛苦的心理体验，而是一个不断树立自信心的过程，这将成为他们人生成长中最大的财富。

天赋小随堂

认知型特征测试表

特征	是	否
孩子是否喜欢自己拿主意？		
孩子是否容易坚持自己的观点？		
孩子是否喜欢说服别人？		
孩子是否喜欢问"为什么"？		

针对以上4个特征，请父母仔细观察孩子，并根据孩子的表现在"测试表"的"是"或"否"栏内画"√"。

如果你的孩子基本符合3个以上特征，那么基本可以判断，你的孩子属于认知型。在面对孩子时你可以采取双手"投降"法和"激发梦想"的方法与其沟通。

没有"主心骨"的孩子，如何说才能让他有主见

俗话说，家家有本难念的经，太有主见的孩子容易让父母感到受挫，太没主见的孩子又往往会让父母担心。

与晨晨的妈妈的烦恼恰好相反，跃跃的妈妈愁的是自家孩子没有"主心骨"。已经小学三年级的跃跃成绩虽然不错，但做什么事情都爱跟在别人后面，是个坚定的"小跟班"，特别容易受同学的影响。在家里，妈妈有意想训练他独立思考的能力，创造多种机会让他去做选择和决定，可他总往后缩，似乎在害怕承担责任。

妈妈仔细回想，跃跃从小就特别听话，每天的学习计划与任务安排都是根据妈妈的想法来做，自己只顾着高兴孩子听话省事，却并没考虑应该引导孩子表达自己的想法。爸爸曾提醒她不要过于专制，她当时不以为然，现在想来，妈妈内疚又后悔。

一、"社会模仿型"孩子缺乏独立思考及决策能力

其实跃跃如今的表现并不能只怨妈妈，据我的了解与判断，跃跃首先在先天特质类型上便属于比较典型的"社会模仿型"。

"社会模仿型"孩子最大的特点是善于模仿，不分好坏地有样学样，非常容易受到周围环境和人的影响。

在人际交往中，这类孩子通常十分随和，特别容易被说服，所以会让

人感觉很好相处。由于善于模仿又随和，所以**这类孩子的显著优势是弹性大，适应性好，可塑性高**。

相应地，"社会模仿型"孩子最突出的弱点是独立思考及判断能力的欠缺。如果"固执"是"认知型"孩子的代名词，那么"包容"就是"社会模仿型"孩子的典型特征，在他们的包容下，往往容易引发以下两种情况。

第一种情况：**没有目标，不擅拒绝**。

由于过于随和，愿意配合、跟随他人，这类孩子常常没有自己的目标，即便树立好目标也特别容易改变。所以他容易由于目标不清晰导致学习计划性不强，也容易因为太乐于助人且不擅长拒绝，在人际交往中耽误自己的事情。

第二种情况：**不分好坏，有样学样**。

这类孩子通常秉承求同存异的思想，能包容不同性格、不同想法的人，服从性较高且不愿意破坏人际关系，因而有很大的概率在"跟随"中被误导。所谓近朱者赤近墨者黑，一旦身边的同伴群体有问题，这类孩子由于其强大的包容力，往往并不会敏锐地分辨出好坏，很容易会受到严重的不良影响。

对"社会模仿型"孩子来说优秀是模仿出来的，所以父母的教育重点便是为其创造好的生活环境和学习氛围，尤其在孩子年龄还小的时候，建议父母能亲自参与到他的社交和择友过程中，不能"大撒把"。如果孩子出国留学，父母最好在早期可以一同前去，等到确认孩子的社交环境稳定在一个安全可靠的状态下后再离开。

二、父母如何与"社会模仿型"孩子沟通

父母除了要对这类孩子的学习、生活环境做到干预和把控，还应该主动去培养其独立思考和决策的能力，在引导和沟通上要采取和对待"认知型"孩子时完全不同的方式。

1. 对话时示弱，再示弱

在亲子沟通中，示弱始终是一个效果绝佳的方法，几乎适用于所有类型的孩子，尤其对"社会模仿型"孩子来说效果更佳。

因为"社会模仿型"孩子很重视人际关系的和谐，习惯于服从。父母如果强势专制，会导致孩子养成迎合性人格，孩子一旦形成这种性格，在学校很容易成为被霸凌的对象，未来无论是进入社会还是组建家庭，都有一定的潜在风险。

所以父母一定要学会对"社会模仿型"孩子示弱，有教育工作者曾形象地总结过"搓手法"，即碰到问题时父母不要急于下结论、做决定，可以皱眉搓手道："哎呀，这件事情该怎么办啊？"孩子天然具有帮助父母解决问题的意愿，面对父母的难题，他自然会着手去思考与处理，这样父母便能在不知不觉中将思考和决策的任务转移到孩子身上。

不过"搓手"也要循序渐进，建议父母从孩子小时候起就开始这类锻炼，先由无足轻重的小事开始，即便孩子做错了决定父母也不要批评。一旦做对决策，父母则要马上给予肯定与鼓励，不断强化孩子独立思考与独立决策的意愿与信心。

2. 建议时具体，再具体

"社会模仿型"孩子虽然独立决策能力差，但模仿能力极强，所以父母需要对其优点善加运用。当孩子征求父母的意见时，父母应给出尽量明确详细的意见，不要和孩子说大而空的"废话"，或者向孩子输出模棱两可的观点。向孩子交代事情时也一样，父母要给出具体的指令，最好能提供标准的操作流程，只要他能听懂、看懂就可以严格按照步骤完美执行。

需要提醒父母的是，有的"社会模仿型"孩子会同时融合"认知型"孩子的特点，从而呈现"欺骗型"状态，这类孩子看起来很容易接受父母的建议，但实际上在他内心深处又有自己的坚持。所以父母常常以为孩子会按照自己说的办，最终却往往大失所望。如果碰到这种类型的孩子，父母需要结合"社会模仿型""认知型"孩子的特征，根据沟通的具体主题和场景不同，灵活对待。

天赋小随堂

社会模仿型特征测试表

特征	是	否
孩子是否凡事总喜欢问别人的意见？		
孩子是否容易随风倒？		
孩子是否非常随和？		
孩子是否很容易被说服？		

针对以上4个特征，请父母仔细观察孩子，并根据孩子的表现在"测试表"的"是"或"否"栏内画"√"。

如果你的孩子基本符合3个以上特征，那么基本可以判断，你的孩子属于社会模仿型。在面对孩子时你可以采取"对话时示弱，再示弱""建议时具体，再具体"的方法与其沟通。

为什么要强调亲子沟通中的表情管理

日常生活中，你是否有对他人说过"我看到你就烦"这样的话？

为什么有时候对方即便什么也没做，仍然会让你感到心中厌烦？这是因为人通过视觉所接收到的内容对情绪也会有很重要的影响，所谓"赏心悦目"就是这个道理，反过来也成立。这一点在亲子沟通中常常会被父母忽略，但孩子往往对此相当敏感。

我姐姐的孩子便是其中的典型，这个6岁的男孩调皮好动又皮实，平时看不出他是个心思细腻的孩子，但实际上他对妈妈的微表情极其关注，尤其在母子俩产生冲突的时候，他总会认真地盯着妈妈的脸，无比"真诚"地劝告："妈妈，你高兴一点儿好吗？""妈妈，你学我这样做"说完自己露出标准的8颗牙微笑，逗得原本生气的妈妈忍俊不禁。

与此类似，韩国的一档亲子节目曾做过一个实验，让几位妈妈各自带宝宝玩耍，最开始所有妈妈都微笑着表现出很开心的样子，片刻后这些妈妈又收敛起笑容面无表情。不过是这一个小小的表情变化，就让宝宝们变得不知所措，在妈妈坚持面无表情3秒钟后，大多数宝宝都哭了起来。父母的表情对孩子有多大的影响，由此可见一斑。

一、美感体认能力强的孩子对面部表情的感知更敏锐

从多元智能的角度看，自然观察智能影响着孩子观察周围事物与场景

的敏感度和细致程度。其中美感体认能力是影响自然观察智能的细分能力之一，**它是指孩子对于视觉接收到的信息的感知力，既包括对"美"能更好地辨别与享受的能力，也包括对"丑"的排斥能力。体现到亲子沟通中时则表现为对父母面部表情的极度关注和敏锐感知。**

很多人都知道由美国语言学家艾伯特·梅瑞宾提出的著名沟通公式：

沟通的总效果 = 7%的语言 + 38%的音调 + 55%的面部表情

这个公式即便运用到线上沟通中也没有太大的问题——大家在打字聊天时仍然习惯于匹配各种表情符号与颜文字。这些符号就是在达成面对面沟通中音调与面部表情的作用，进行沟通中的辅助表达，可见"面部表情"在人际沟通中有着重要地位。

对于美感体认能力强的孩子来说，公式中这55%的面部表情更是对亲子间的沟通质量起着决定性的作用。可是大多数父母看到孩子调皮或犯错时，常常是话还没来得及说出口，表情就已经完全呈现出愤怒的状态。还有一部分父母虽然能做到强忍情绪不打骂孩子，但通常他脸上的微表情也会泄露其内心的真实情绪。

这些表情有可能非常细微，转瞬即逝。可美感体认能力强的孩子对表情的敏感度足以让他们准确捕捉到这些，因此只要父母有情绪，这类孩子依然能敏捷地捕捉到父母的内心语言，从而在心理上遭受到不同程度的打击。

如果孩子心思细腻，可能会选择闭口不言，这在无形中便扼杀了孩子的表达愿望；而如果孩子直来直去，就会向父母表示抗议，很容易引发激烈的沟通冲突。

人在面对攻击时，第一个自然反应是辩解，第二个自然反应是对抗，这两个自然反应对顺畅沟通和解决问题都没有实质上的帮助。可孩子在与父母发生冲突时，父母通常已经通过表情泄露了准备批评孩子的意图，孩子便能提前从微表情中感受到自己被攻击，他就会自然呈现出这两种自然反应。

这就是为什么很多父母会说："我刚一张嘴，你就有十句话等着我！"因为孩子的确在你说话之前就已经做好了辩解或反抗的准备。

二、父母如何与"看脸的孩子"沟通

如果你发现自己的孩子美感体认能力强，在沟通中要尤其注意做好表情管理，具体来说可以采用以下三种方法。

1. 坚决不皱眉

"皱眉"是最细微也最常见的负面情绪表达，如果在一开始就控制不住"皱眉"，很可能会演化出更高程度的负面表情，比如强烈质疑、怒目相向、无比失望等。然而一个人的表情本质上仍取决于内心想法，所以想要真正控制住自己的面部表情，做到坚决不皱眉，父母首先要做到在心里"坚决不皱眉"。

2. 用其他形式的夸张表情或动作反向带动心理

人在生气时可以通过深呼吸等夸张的表情调整情绪，比如张嘴、打哈欠等，活动面部肌肉，并尝试提升笑肌，做出微笑的表情。虽然气头上的微笑也许不够真实，但不可否认它同样能反向带动交谈者的心情。

曾有一位妈妈分享给我一个很实用的小诀窍：和孩子约定一个可以及时止战的暗号。她和孩子约定的是"比心"，母子俩提前说好，如果两个人说话时控制不住地吵起来，首先意识到这一点的那个人要马上在胸前比划出"心"的手势宣布"停战"。

3. 多微笑

就像辨音听力强的孩子相对适合"给表扬"的套路一样，美感体认能力强的孩子也特别适合"给笑脸"。父母的一个微笑，一个鼓励的眼神，往往就能让他接收到满满的爱和支持，给他带来好心情。所以父母在和这类孩子交流时不妨秉承这一点，用正向的表情打开孩子的"话匣子"。

天 赋 小 随 堂

美感体认能力测试表

特征	是	否
孩子和人交往时是否特别注重第一印象？		
孩子描述一个人的外貌时是否更强调整体而非细节？		
孩子拍照时是否更注重光影和整体对称等，很少拍特写？		
孩子是否对服装款式和颜色有自己的要求？		

针对以上4个特征，请父母仔细观察孩子，并根据孩子的表现在"测试表"的"是"或"否"栏内画"√"。

如果你的孩子基本符合3个以上特征，那么基本可以判断，你的孩子美感体认能力强。在面对孩子时你可以从"坚决不皱眉"开始，同时采取"用其他形式的夸张表情或动作反向带动心理"的方法与其沟通，还要记得"多微笑"。

第 **4** 章

说给父母的话
——教育孩子，父母这样配合最有效

在孩子茁壮成长的过程中，爸爸的爱提供方向感，妈妈的爱提供幸福感，为孩子一路保驾护航。时刻被父母的爱与信任包裹着的孩子是健康的、幸福的、快乐的。

原生家庭是如何影响孩子的

原生家庭对一个人成长的影响，最受公认的描述出自个体心理学创始人阿尔弗雷德·阿德勒（Alfred Adler）：**"幸运的人一生都被童年治愈，不幸的人一生都在治愈童年。"**

任何一个孩子的成长在顺应先天特质的同时也都有赖于后天的影响。孩子的多元智能决定了他的先天特质，而后天影响则来自成长中的方方面面，其中尤以原生家庭的影响最为深刻，它左右着孩子的情感，甚至会决定孩子一生的思维方式和行为习惯。

一、孩子处理问题的方式，来自对父母的模仿

原生家庭的影响之所以如此重大，是因为**孩子小时候的所听、所看、所感激发了他的脑神经元联结。这种脑神经元之间的联结一旦形成，便会影响孩子未来的行为。当孩子成年之后，相似的环境刺激会唤醒小时候留下的印记，促使孩子展现出与之相应的表现。**

换一个角度说，我们每个人在小时候说什么、做什么其实都是在模仿。漫长的成长期里，当孩子还未深入涉足社会生活时，模仿的对象主要是家庭中的父母和亲人。孩子不但会模仿他们表面的言行举止，而且会学习父母处理问题的思维与方式。

比如当爸爸妈妈出现矛盾时通常以沟通的方式解决，孩子就会认为产

生矛盾是正常的事情，通过沟通的方式就能解决。但如果孩子看到爸爸妈妈遇到问题时是通过吵架甚至打架的方式解决的，那未来当他遇到类似的情况时便也会首先选择这种方式去处理。

这一点也解释了为什么从小生活在家暴环境中的孩子尽管极其痛恨家暴，却很容易在长大后重蹈父辈的覆辙。比如在童年目睹爸爸打妈妈的男生会切身感受到这种恐惧，并在大脑中留下印记。"习得"这种处理问题的方式后，等到为人夫时便很容易在情绪激动的场景下失控打人。这样的人在动手之后往往会非常后悔，甚至会因为这种行为并非他的本意而加倍拥有罪恶感，可这种原生家庭带给他的恶劣影响几乎不可抗拒。

当孩子成长为父母后，也多会本能地在教育自己的子女时模仿原生家庭。著名当代作家汪曾祺有句名言"多年父子成兄弟"，他曾说，"充满人情味的家庭，首先必须做到'没大没小'""一个想用自己理想的模式塑造自己的孩子的父亲是愚蠢的，而且可恶！""作为一个父亲，应该尽量保持一点童心"。幼年时他的父亲对他关注但不干涉，花样翻新地带他玩耍，于是当他自己成为父亲时也保持了同样的开明、包容且富有童趣。

当一个人从小成长于爱的滋养下，养育自己的孩子时便会不自觉地采用自己感受过的方式；而在棍棒下长大的人，虽然可能出于补偿心理会努力地想给予孩子更多的爱，但有时依然会无法控制地发脾气打骂孩子。这就是原生家庭给人留下的潜意识所带来的影响。

二、让原生家庭的问题"到我为止"

原生家庭的影响虽然深远却并非不可逆转，正如著名心理学家卡尔·古斯塔夫·荣格（Carl Gustav Jung）所说，"当你的潜意识没有进入到你的意识时，那就是你的命运"。而当你可以意识到你的潜意识时，你就有可能控制自己的潜意识，从而改变自己的命运。

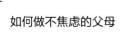

不可否认，孩子个性的形成来自对父母的耳濡目染，当向上追溯时便会发现，许多源自原生家庭的问题和创伤往往代代相传，因此溯源责成对于现在的家庭并无作用，只有每位父母优先努力做到让问题"到我为止"，才能在这类问题上实现正向突破。

教育子女的过程就像父母二次成长的过程，当你意识到过去的经历在影响此刻的决定时，当你意识到自己的行为是在给孩子树立一生的榜样时，当你意识到家庭氛围及教育风格会直接影响孩子未来的家庭和他对下一代的教育风格时，解决方案便呼之欲出。

三、塑造健康原生家庭的4项原则

具体来说，父母在家庭生活中不妨记住以下4项原则。

1. 夫妻吵架时，让对方说最后一句话

无论你有多生气，只要你能主动暂停，这个事情便大概率会停止。

2. 妈妈一定要有自己的爱好

心理学博士洪兰女士说过："女性的情绪能量远远超过男性，母亲是家庭的灵魂，母亲快乐全家快乐，母亲焦虑全家焦虑。"

真正好的关系一定是双方互相成就，亲子关系亦然。妈妈不能把所有注意力都放在孩子和丈夫身上，不要停止追求自我成长。

3. 善于自我肯定，自我激励

教育永远是漫长而复杂的过程，每朵花的花期都不尽相同。很多时候父母不是对孩子丧失信心，而是对自己丧失了信心，当多年的努力没有得到回报时父母会感到无能为力。这时父母需要发现孩子的闪光点，并且要敢于嘉奖自己，自我肯定，自我奖励，自我激发。

4. 做好孩子的催化剂和润滑剂

这一点又分为以下两种情况。

第一种情况：当父母发现自己和孩子在某一项智能上都有优势时，如

果父母采取恰当的方法，就会对孩子产生催化剂效果。

比如妈妈在音乐智能上特别强，孩子恰好也不弱，妈妈可以利用自己的先天优势为孩子选择最适合的音乐项目，陪伴孩子一起练习，督促孩子向更高的目标挑战。这种情况下孩子容易在音乐上快速取得显著进步。

但如果妈妈因为自己在音乐方面接收能力很强，所以对孩子有过高要求，不断批评、指责孩子，那么孩子会出于自我保护的心理选择退缩乃至完全放弃对音乐项目的学习。这就是为什么有的家庭要求越严孩子越不爱学习，妈妈越唠叨他越抗拒交流，因此父母万万要警惕。

第二种情况：在某项智能上孩子很强但父母双方都很弱时，便需要父母甘当"润滑剂"，也就是主动示弱，欣赏孩子胜于自己的优势，用最大的资源支持孩子发展。

比如父母的体能都不好，不喜欢运动，但孩子的体能底子不差时，父母通常会出于本能崇尚"静能生慧"，更倾向于阻止孩子"多动"。这样做其实浪费了孩子的优势，也会耽误孩子的发展。此时父母更可取的方式是克服自己的惰性，坚持带孩子进行户外运动，或者把具体指导交给教练负责，自己做好陪练的角色。随着年龄增长，坚持体育锻炼的孩子无论在体能上还是毅力上都会展现出巨大的潜力。

在教育界，大家最喜欢引用德国著名哲学家卡尔·西奥多·雅斯贝尔斯（Karl Theodor Jaspers）的一句话："教育的本质是一棵树摇动另一棵树，一朵云推动另一朵云，一个灵魂召唤另一个灵魂。"这棵树，这朵云，这个灵魂，首先是父母。

在此我也想提醒各位父母：我们怀揣着期待，常常体验"小确幸"的快乐；我们也手足无措，不时有些无奈和小失落。其实我们已经是这个世界上最努力的爸爸妈妈了，但作为父母我们也需要客观认识自己，了解自己的优势并成为孩子的最佳榜样，只有明晰自己的弱点，才能和家人做好分工，以科学的方式陪伴孩子成长。

天 赋 小 随 堂

原生家庭认知

1. 孩子个性的形成来自对父母的耳濡目染

孩子模仿的不但是父母表面的言行举止，更重要的是会学习父母处理问题的方式。

2. 原生家庭的问题并非不可解决

当你可以意识到你的潜意识时，你就有可能控制自己的潜意识，从而改变自己的命运。

3. 塑造健康原生家庭，需要把握4项原则

夫妻吵架时，让对方说最后一句话；妈妈一定要有自己的爱好；善于自我肯定，自我激励；做好孩子的催化剂和润滑剂。

如何进行正确的隔代教育

家有幼儿的父母一定听过这样一首打油诗："妈妈生，外婆养，爸爸回家就上网……"的确，隔代教育在我们身边非常常见，"抱着你就不能工作，工作就不能抱着你"，父母在工作与孩子难以兼顾时便只能将孩子"托付"给隔代教育。还有一部分父母自己从小缺乏独立性，双方老人便会因为不放心而齐上阵，全权托管下一代。

老人为了让年轻的父母安心工作帮忙照顾孩子，对父母来说是一股温暖而强大的支持力量，但我们也不能因此忽视隔代教育可能会带来的问题。比如老人因为隔辈亲的传统容易溺爱孩子，最终导致孩子自理能力差、性格骄纵等。这还只是表面上的问题，事实上隔代教育带来的弊端远不仅于此。

以我和女儿参加的一次集体活动为例，那是一次锻炼小朋友财商的活动，带队老师将钱分发给孩子们，让大家自己进行规定情景下的预算安排。就在大家纷纷忙于计算时，我发现有一个孩子把自己的钱放好后开始向其他孩子借钱。这个阶段的孩子大多对钱不敏感，被借钱的小朋友经常会记不住自己借给了谁，借出去了多少。那个借钱的孩子便因此钻了空子，很容易就多得了额外的一笔钱。

活动当天凑巧是其中一位小朋友的生日，在休息环节大家一起分享蛋糕，老师给每个孩子各分了一块后蛋糕还有剩余。此时又有位"聪明"的孩子偷偷把自己的那份暂时放了起来，先来到大盘子面前吃剩余的"公共"部分。

在后来的聊天中，我得知这两个孩子都由家中老人带大，从小就是全家绝对的核心，老人将所有资源都无条件倾斜给孩子，最终给孩子养成"多吃、多占"的习惯。

一、认知差异是关键

人永远不了解自己不知道的事物，隔代教育最大的冲突便来自对教育的认知。

年轻的父母接受的是最新的教育观，自己懂的同时理所应当地认为老人也懂，可实际上并非如此。与之相似的是，老人亲自养育过孩子，目睹过一个孩子从婴儿到成年的全过程，所以在孩子出现状况时，老人会认为年轻父母和他们一样有经验有感受，但实际上也并非如此。

这种相互的认知差异导致两代人虽然面对的是同一个孩子，却处在两个完全不同的世界中，话不投机半句多，再严重点就会爆发家庭冲突。比如很多老人都认为给孩子报兴趣班是白花钱，因为在他们自己当父母的时候根本就没有类似的经历。

隔代教育对孩子造成的另一个重要影响，就是老人太急于把自己的"社会经验"传授给孩子，而经验过早出现却是一种麻烦，其中最直接的表现就像我在孩子的财商课上所见，让孩子过早地形成成人化的行为方式，这对孩子在自己年龄段里的社交非常不利。

此外，老人在作为孩子的看护者时会深感责任重大，忍不住时刻"保护"孩子，这样反而容易造成对孩子的负面阻隔。我曾亲眼见过几个小朋友在一起玩耍前被其中一个小朋友的姥姥反复叮嘱"别欺负我家孩子"，这最终却导致这个孩子被同伴孤立。孩子为了被其他人接受，在后续的时间里逢人就笑，试图以"讨好"的方式融入群体。

所以当父母不得不把孩子交给老人时，虽然需要遵守"谁带谁说了算"的原则，感恩老人的付出，不过多纠结细节，但同时也要把自己最关心的点明确提出来，力求求同存异。

二、学习善用老人的优点

俗话说，家有一老如有一宝。老人在家庭教育上的突出优点有以下三条，父母要学会善用老人的优点。

第一，老人对孩子的爱发自内心、无法替代。

第二，和年轻的父母相比老人的心态更加平和。

因为平和，他们能更客观地看待孩子的缺点，更为包容，由此可以为孩子的发展提供更广阔的空间。

第三，受益于年龄优势，老人有更为丰厚的生活知识和人生阅历。

纸上得来终觉浅，绝知此事要躬行。老人因为对很多事情有过亲身经历，故而更容易掌握教育的重点，如果能从过往经验中提取精华，他们对孩子的指导会更有效。

从多元智能的角度看，每位老人都有自己的特质，可以让其加入教育孩子的分工合作中。我还记得多年前曾带女儿参加一个亲子课程，许多父母带着孩子在一起玩得不亦乐乎，但有一对父子引起了我的注意：爸爸抱着两岁的儿子待在角落里美滋滋地看着大家玩。

如我所料，这对父子俩趋避特性都不好，爸爸除了工作几乎不和任何人打交道，可孩子还小，对群体过于疏离不利于培养其团队合作能力。这时需要挖掘家里趋避特性强的长辈，由于奶奶是这个家庭中最爱热闹的一员，因此这个家庭其实应该让奶奶多带孩子去不同的场合，多和别的小朋友接触，一段时间后孩子就不会再如父亲一般认生怯场。

每个人都有自己的天赋，孩子、父母、老人都是如此，因此在教育孩

子这项工作的家庭分工上，父母可以根据家庭成员的不同特点安排分工，各司其职，帮助孩子顺强补弱，更好地成长。但要特别提醒的是，隔代养育的纠纷有时候是情绪的问题，是两代人将日常生活中的杂事汇聚到了教育上，因为孩子的事情最敏感，所以容易变成导火索。这一点需要两代人都牢记于心，随时自我提醒，尽量规避。

天 赋 小 随 堂

隔代教育认知

1. 隔代教育上最大的冲突来自教育认知

在遵守"谁带谁说了算"的前提下，父母一定要提防两代人的认知差异，提前和老人约定好自己最关心的一两点。

2. 要学习善用老人的优点

老人对孩子的爱无法替代，老人的心态更平和，老人有更为丰厚的生活知识和人生阅历。而且从多元智能的角度看，每个老人都有自己的特质，可以发挥其优势，加入对孩子教育的单项分工上来。

过度教育，"过"在哪里

现在"父母学霸娃学渣"似乎是一种普遍现象，许多高知父母全心全意地辅导孩子却并没有预料中的收获。在我看来，原因之一在于四个字：过度教育。

以我自己为例，由于我较擅长写作且逻辑感强，因此每次面对女儿写的作文我都特别不满意，通常会积极地介入，手把手指导她。从写作素材到行文结构，几乎所有的细枝末节我都会帮忙，女儿的作文在我的指导下经常拿高分甚至满分。但久而久之，我越来越像女儿的一根"拐杖"，一旦我因为时间问题无法陪女儿写作文时，她就会一直拖着不肯写，因为她自己完全不知道该从哪里下笔。

女儿的老师发现这个问题后劝我彻底放手，让孩子自己历练。开始我还有些不放心，没想到短短两个月后女儿的作文就"断奶"了。虽然她现在写出来的文章不如我辅导时写得那么完美，但是写作时间缩短到原来的1/5且自信心大增，甚至经常和老师讨论作文的修改方向。

事后自我反思时我才意识到，自己竟然一不小心落入了过度教育的窠臼。

一、知识的"诅咒"

父母对孩子的过度教育，具体来说体现在以下两个层面。

第一个层面是在知识难度和深度上过度教育。

我曾见过最夸张的一个案例，是一对博士父母在带两岁半的孩子参观博物馆时全程讲解高难度的相关知识，让人惊诧的是他们不仅随时和孩子即时互动，还总在责怪孩子反应不够快。

我身边一位做翻译的朋友则总是抱怨孩子英语学习进步慢，每次聊起辅导孩子英语的方法，他总是自信满满，自认为对孩子实行的是最高效的方法。但我始终认为他所推崇的方法难度偏高，并不适用于他还处于启蒙阶段的孩子。

美国斯坦福大学商学院的奇普·希思（Chip Heath）教授曾写过一本书——《让创意更有黏性》，在该书中他提出了一个很重要的概念——"知识的诅咒"。通俗地说，就是一旦你知道了一个信息（学会了一样东西），你就很难想象你不知道该信息（没学会该东西）的情景，你已经知道的那些信息"诅咒"了你。

因为"知识的诅咒"，很多时候父母都是以自己较高的能力角度去看待孩子较低的能力，最终导致看不上孩子，并强行向孩子灌输并不符合其认知阶段的知识。

网上曾流传过一幅两个孩子对话的幽默漫画，一个孩子对另一个孩子说："这次没考好，又要挨妈妈训了，怎么办？"另一个孩子劝说道："没事儿，再忍两年吧，等我们上了初中，他们就不嚣张了。"

漫画中的孩子们是什么逻辑呢？他们认为现在爸爸妈妈总训他俩，是因为他们不会的爸爸妈妈都会，但等上初中之后，他俩不会的爸爸妈妈也不会，自己便不会再被爸爸妈妈苛刻地要求。

在《考不好没关系》这档栏目中，父母和孩子在这个节目里进行了角色调换：爸爸妈妈上考场，孩子则在台下替爸爸妈妈选题并现场观看他们作答。有位爸爸在第一轮被淘汰后，女儿对他的表现感到特别生气，爸爸想去抱一抱女儿她都不愿意配合。还有一个小男孩更有趣，看到自己抢的题被爸爸答错了，这个男孩有模有样地冲爸爸吼了一句："你等着，看我回家怎么收拾你。"

父母不妨换位思考，尝试运用同龄类比法来理解自己的孩子。比如你嫌孩子学英语费劲的时候，你可以同步开始学习意大利语、法语，或者其他没接触过的语种，实际体验一番自己对新语种的接收能力是否比孩子更好；你为孩子讲解数学附加题孩子总听不懂，怒火中烧前不妨重温一下高等数学，感受自己面对这些题目的接受程度和应用水平如何。

第二个层面是在方法论的形成和运用上过度教育。

和第一个层面不同，这种方式看上去似乎是为孩子好，其实副作用反而更大。

我相信每位成功的父母都有属于自己的成功方法论，这个方法论的形成经过父母自己的摸索、体验、总结、反思、迭代等常年积累而成。以我自己为例，因为思维逻辑能力强，所以写作时我习惯先搭大框架，然后根据逻辑关系推导小枝节，最后再填充细节内容。从学生时代到现在的工作阶段，我始终认为这是最高效的写作方式。但实际上每个人的优势智能并不同，适合的学习方法也不同，父母将自己的方法论完全照搬到孩子身上，并非明智之举。

退一步说，假设相同的方法的确适合孩子，当父母将其强加到孩子身上时，看起来孩子也确实可以在最短的时间，用最少的资源，取得最好的成果。但实际上孩子失去了自己摸索、自我训练的机会，没有办法形成属于他自己的能力。如此长而久之，还会导致孩子逐渐失去创新力和创造力。

父母的过度教育往往源于急于求成，而急于求成的父母通常会直接把方法教给孩子，牺牲孩子自己摸索的机会。这样的家教环境下，孩子会等着父母"喂食"，逐渐养成自己不动脑筋的习惯。同时孩子也会从父母的实际行动中感受到父母最看重的是效率和结果，因此为了取得好的结果，孩子会越来越倾向于做自己最熟悉的事情，停滞在舒适区，不敢试错，更妄谈创新。

父母要学会允许并接受孩子的失败确实很难，但这是孩子成长过程中不可缺失的经历。每个人的成长都是在失败中积累出来的，孩子在学习的时候不能够自己处理失败的问题，未来面对竞争时会更加艰难。许多时候

只有孩子亲身感受过失败才能学会真本事，所以父母需要在这样的过程中保持良好的心态。

二、今天，你仰望孩子了吗

父母想要避免过度教育，还需要学习仰望孩子。

我本人对此感受非常深，做教育的时间越长我越仰望孩子，因为孩子的智慧和他们来自天性的潜能常常让我震惊不已。

其实大多数教育工作者都有相似的体会，我记得曾有一次在公园看到一位美术老师带着孩子们在写生。围观的父母看到作品时，纷纷表示希望孩子的作品也能像老师的一样优秀，老师却说，他最羡慕的是孩子们放松的状态和随手画的勇气，他自己经过20年的专业训练，反而不会放松地进行绘画创作了。

这就是视角不同拥有的不同收获，当父母学会仰望孩子，不再用自己的固定套路去局限孩子时，必然会收获更多惊喜。

天 赋 小 随 堂

过度教育认知

1. 切莫陷入知识的"诅咒"

父母很容易以自己较高的能力角度去看待孩子较低的能力，在知识难度和深度上，对孩子进行过度教育。

2. 你的方法论只属于你自己

把自己的方法论强压给孩子，不仅未必适合孩子，还可能造成孩子的依赖心理，影响孩子的创造力。

3. 仰望孩子也是父母的必修课

面对孩子时父母不但要会俯身，更要学会仰望，不要用自己的固定套路去局限他。

爸爸妈妈意见不一致时，怎么办

无论从性格特征还是从多元智能的角度看，许多夫妻最开始都是因为互补才被彼此深深吸引。但随着生活琐事对心态的消耗，曾经的互补逐渐演变成后来的互相挑剔、嫌弃，乃至在孩子的教育上，父母双方更会出现严重的立场不一致。

我的一位好朋友最近就已经连续向我抱怨了多次，抱怨对象自然是家里那位"猪队友"。平时朋友家的二宝都是由妈妈辅导写作业，碰上孩子不会的题目，妈妈便使出浑身解数给出各种启发引导。一旦发现孩子哪个知识点不够牢固，妈妈一定会重新讲解，确保孩子学会。

妈妈偶尔晚上加班不得已便由爸爸上阵，爸爸看上去表现不错，常常很早就向妈妈发来孩子完成作业的照片。但没多久妈妈就发现，每次爸爸带着孩子完成的作业，孩子下次遇到同类型的题目经常还有不会的。她反过头"审问"爸爸，爸爸却一脸无辜："我们真的认真做了，而且做得很好啊！"

我相信爸爸并没有说谎，也不是故意糊弄。让妈妈如此不满意的结果只源于爸爸和妈妈的标准完全不同。这也是在孩子的教育问题上父母最容易产生不一致的三个方面之一。

一、定标准时该以谁的标准为准

标准的制定和父母各自的趋避特性有关，属于人际智能。趋避特性弱的人不擅长社交，对新事物的接受程度差。但他们在学习和工作上都有非常突出的优势——不为人际因素干扰，坚持高标准。

推己及人，这样的父母在对待孩子的教育上，设定的标准通常也较高。而与此相反，趋避特性强的人太善于知进退，追求让大家都满意，所以标准通常游移不定且容易放松要求。如果父母双方的趋避特性差异较大，便常常会出现"你指责我太糊弄，我认为你太苛刻"的情况。

其实在标准这件事上，并没有泾渭分明的对错。但一旦父母在标准制定上难以统一，不但两个人容易产生矛盾，最关键的是会让孩子感到无所适从。

我认识的一对父母就是这样，平时妈妈主抓孩子的学习，把孩子每天的时间都排得很满，爸爸一直都不理解这种安排，认为根本不需要让孩子那么累。于是等到妈妈出差时，"翻身做主"的爸爸便会在那几天里直接取消孩子的很多课外班课程。妈妈得知后十分"崩溃"，她并非痛惜落下的课程，而是担心从此之后孩子会养成钻空子的坏习惯。

父母双方标准的不一致往往还体现在对孩子成绩的要求上：有时一方认为超过90分就很棒，另一方则认为一定要满分才优秀；孩子在一个人这里刚受了表扬，到另一个人那里却会被狠狠地批评……这样反复的情绪落差任谁都受不了。

所以父母需要自省自查，如果家里双方也是这种情况，趋避特性弱的一方一定要先调整自己。因为高标准的一方会显得比较苛刻，让另一方觉得压力特别大，尤其高标准的一方还喜欢碎碎念的话，另一方常常会"被迫逃跑"。

父母若是为孩子的长远打算就一定要多多沟通，彼此把握好最合适的

"度"，务必双方先达成最终的一致后再共同面对孩子。

二、在自律的世界里，有截然不同的两类人

不同的孩子在内省智能上有差异，自律意识和自律能力有所不同，这一点对于成年人来说道理也一样。在对孩子的教育过程中，自律程度差异巨大的父母也容易产生严重的观点冲突。

还记得前几年，网络上曾一度疯狂流传著名文学大家、哲学家胡适求学问的日记：

7月4日：新开这本日记，也为了督促自己下个学期多下些苦功。先要读完手边的莎士比亚的《亨利八世》……

7月13日：打牌。

7月14日：打牌。

7月15日：打牌。

7月16日：胡适之啊胡适之！你怎么能如此堕落！先前订下的学习计划你都忘了吗？子曰："吾日三省吾身。"……不能再这样下去了！

7月17日：打牌。

7月18日：打牌。

日记虽然不知真假，但将自律之难描绘得生动而深刻。德国古典哲学创始人伊曼努尔·康德（Immanuel Kant）有言："所谓自由，不是随心所欲，而是自我主宰。"这里的"自我主宰"指的就是自律。自律的人懂得遵守承诺，喜欢按照规则做事，可以为了长期价值而选择延迟满足，能做到比较坚定地向目标前进。

所以如果父母双方的内省智能差异较大，其中内省智能强的一方一定会严重"嫌弃"差的一方，认为后者不靠谱。这时最好的做法是让有优势的一方最大化地发挥自己的潜能。

实际上内省智能强的父母非常适合督促孩子，因为对孩子来说，学习

习惯需要有规律地坚持，学习方法需要持续地摸索和验证。本身擅长自律的父母更能"盯得住"孩子，也能身体力行，让孩子心服口服。

因此内省智能差的一方偶尔需要临时顶替时，需要加强自我提醒，切记认真对待。在平时则需要尽量退到"幕后"，为另一方做好其他辅助性工作，同时要记住保持对对方的赞美。例如，如果是爸爸内省智能差，平时既然对孩子的管教较少，便需要尽量避免喋喋不休地批评妈妈。因为内省智能强的人通常习惯于内归因，如果对妈妈批评太多，她便很容易陷入自责，时间久了甚至容易抑郁。

三、就问你懒不懒

除了标准制定和自律能力差异，"懒不懒"是容易引发父母双方冲突的第三大因素。

你在家里有没有遇到过这样一类人，能躺着就不坐着，能坐着就不站着，每天都觉得自己十分疲惫但实际上并没有完成多少事情。

这样的人肌肉耐力弱，即运动智能中大肌肉的爆发力与持久力不足。日常会很"懒"，喜欢睡觉不爱运动。相反，肌肉耐力强的人精力旺盛，勇于拼搏奋进。如果父母双方恰好一反一正，便容易互相指责对方的精力状态，极易爆发争吵。

其实家庭生活中这方面的矛盾非常容易解决，只需要强的一方理解弱的一方是出于体能所限才"懒"，不必再过多注重不必要、不对等的攀比，尽量完成家庭事务便能皆大欢喜。

但在对孩子的教育上，肌肉耐力弱的一方不应该因为自己的体力不佳便阻拦孩子在运动方面的锻炼和发展。因为体育运动涉及的不仅仅是体育成绩，还涉及对孩子耐力、毅力、勇气、抗挫力的训练，此时应该让肌肉耐力强的一方出马，带着孩子多运动，也顺便带动全家多运动。

天赋小随堂

父母双方差异认知

1. 一个标准高，一个标准低

当父母趋避特性差异很大时，弱的一方先行调整，双方提前沟通达成一致，再面对孩子。

2. 一个自律，一个不自律

当父母两个人内省智能差异很大时，让强的一方去带孩子，弱的一方搞好后勤保障。

3. 一个体能强，一个懒得动

当父母肌肉耐力差异很大时，弱的一方至少要做到不拖后腿，强的一方多带动孩子进行体育运动。

爸爸的教育，对孩子究竟有多重要

很多妈妈都抱怨自己是丧偶式育儿，爸爸不仅不给力还总帮倒忙，不过可喜的是，现在正有越来越多的爸爸来向我讨教如何做个好爸爸。

在此之前，不如先回顾一下曾出现在热搜上的"硬核"老爸们。

2019年，山西有位杨爸爸一举成名。原因是他为了激发孩子的兴趣，居然采用了口技教学法。他自学口技30多种，包括摩托车等交通工具的轰鸣声、各类乐器的声音、动物叫声等。据说他模仿的狗叫声逼真到把院子里的狗都听懵了。

无独有偶，同一年还有一位程序员爸爸也在网络上引起一片惊呼，这位爸爸娴熟地运用思维导图对《小猪佩奇》的动画片内容进行了全面梳理，对其中的动画人物也进行了透彻的分析。此外，他还详细地标注出"儿子重点看""做父母的重点看"两部分关键内容，并做出了家庭陪娃计划。

没有高超技艺傍身的爸爸也不甘示弱，一位来自呼和浩特的郑爸爸从女儿小学六年级起便陪孩子晨跑，到2020年时已经坚持了5年。长期的晨跑让女儿的耐力越来越好，屡次打破校运会纪录。

一、别让责任成为任何一个人的负担

如此"硬核"的爸爸目前还是少数，在大多数中国家庭里，妈妈远比爸爸付出得多。

妈妈是孩子的孕育者，怀胎十月的血脉、生产的阵痛、哺乳的辛劳注定她与孩子的亲密度无旁人能及，所以妈妈习惯于用责任感来驱动自己。有的妈妈和爸爸早就感情破裂，但能将一个家庭维持到孩子考完大学甚至长大成家后才离婚。这样的案例比比皆是，大多是因为妈妈心中的那份责任。

所以妈妈会天然地以为爸爸也应该有这样的责任感。很多妈妈不断地唠叨、抱怨，乃至指责，是为了唤起爸爸的责任感，她认为当爸爸有责任感后便会行动起来。但男女有所不同，这种呼唤反而会给爸爸带来压力和内疚。许多爸爸甚至因此愈发逃避，主动缺位，错失了陪伴孩子成长的美妙时光。

但我们同时也应该清楚，不管妈妈多重要多能干，都不能包办孩子的一切。爸爸妈妈对孩子感知的点不同，有些事情妈妈来做更合适，但有些事情必须爸爸去做才妥当，爸爸甚至往往充当孩子认识世界的桥梁。因此，能被父母双方共同陪伴的孩子才最幸福，心理发展也会更加健康。

二、适用于爸爸的乐趣驱动法

当爸爸不适用责任感驱动法时，我们应该考虑换一种方式驱动他。比如前文提及的三位"硬核"老爸，三个人所处的地域不同，采用的方法也不同，但拥有一个共同点，那就是他们都从自己的兴趣出发参与到孩子的家庭教育中，甚至成为家庭教育的主导者。

杨爸爸从十几岁起就开始接触口技，他本人对此便非常喜欢，有了孩子之后他被激发出更大的学习动力；程序员爸爸是个完完全全的理工男，这类爸爸的突出优势就是擅长逻辑和推理，因此对孩子运用思维导图便驾轻就熟；而陪女儿晨跑的郑爸爸，以我的经验看大概率是一位自律能力极高的人。

所以妈妈应该牢记，想要让爸爸参与到孩子的教育中来一定要从爸爸的兴趣出发，而非一味地强调责任。聪明的妈妈会观察爸爸强于什么，让他从最擅长的领域带领孩子并成为孩子的榜样。因为通常一个人擅长什么便对什么感兴趣，比如擅长研究精密仪器的爸爸可以让他陪孩子一起去搭乐高；喜欢看书的爸爸可以让他陪孩子阅读……如此安排，爸爸愿意领任务，也能从中体会到成就感，何乐而不为？

对妈妈来说道理也一样，妈妈要明白，承担责任不是自己唯一的工作，先做最好的自己，才能成为最好的妈妈。妈妈同时也要多为爸爸和孩子创造独处的空间，尤其在爸爸的长项领域，妈妈该放手就放手，学会"靠边站"，哪怕有不同意见也别横加指责，点到为止即可。毕竟所有的司机都不希望在自己开车的时候，坐在副驾座位上的那个人一路唠唠叨叨，指手画脚。

三、合格的爸爸该做什么

在家庭教育这件事上，妈妈要有觉悟，爸爸也要拿出行动。但多数爸爸有时自己便像那位坐不住的孩子，妈妈一让爸爸看娃他就会肚子疼，妈妈一让爸爸辅导孩子写作业，他就会马上需要加班……至于爸爸们偶尔接孩子却去错了学校，开家长会走错了班级，大家也早就见怪不怪。

爸爸缺位时给出的理由常常是工作忙，但在女人也忙到"天昏地暗"的当下，这个借口便显得略有"蹩脚"，有太多爸爸将时间花在了杂事上，比如蹲厕所、玩手机、打游戏、睡觉。

其实爸爸即便真的工作忙，也依然可以做个合格的好爸爸。我认识的一位上海企业家，是一对双胞胎男孩的爸爸。这位爸爸的时间被工作占用了将近99%，但他仍然会在出差的长途飞机上思考孩子的教育规划，两个孩子在不同阶段的教育规划全都由他设计，在带孩子旅游出行开阔眼界上他也从不含糊。

可见，做个好爸爸并不在于忙不忙，关键在于你有没有做那件最重要的事情。在这一点上，我最常给爸爸的建议有以下三个。

1. 负责帮孩子立志向

因为妈妈每天照顾孩子的起居生活时要面对无数个细节，因此妈妈很难从中跳脱出来，而爸爸正因为并不需要在细节上纠结，反而更容易看清孩子发展的大方向。再加上社会分工的特点，爸爸通常会更多参与宏观的社会性事务，对社会现象有更深的体会。因此在帮助孩子确定发展方向、树立理想时，爸爸必须参与，有心的爸爸还可以从孩子的特质出发，全盘考虑，为孩子做好教育规划。

2. 在一个点上做到对孩子高质量的陪伴

妈妈总希望爸爸能像自己一样无微不至地关怀孩子，实际上大多数爸爸做不到，所以不如让爸爸只选一个点去做。当然，这个点一定是爸爸天然的兴趣所在。

3. 爱妈妈

这一点虽然不直接作用于孩子，却是对孩子影响最为重要和深远的因素。当孩子感知到爸爸爱妈妈，形成潜意识，会对他未来组建自己的小家庭大有裨益。所以，如果爸爸真的不会调配时间，或者自认为连一项优势和乐趣都没有，那么便可以把这一点做足做透。

天 赋 小 随 堂

・・・・・・・・

爸爸的驱动力认知

1. 妈妈不要让责任成为爸爸的负担

妈妈对孩子天然责任感强，也会期望唤起爸爸的责任感。但当爸爸感到压力和内疚时，反而会越发逃避。

2. 乐趣驱动法更适用爸爸

看看爸爸强于什么，对什么最有兴趣，让他从自己最擅长的领域带领孩子，成为孩子的榜样。

3. 一个合格的爸爸要做什么

帮孩子立志向，在一个点上对孩子高质量陪伴，爱妈妈。

孩子教育的侧重点，14岁之前和之后大不同

　　在生活中只要留意观察，随处可见天赋的力量，而且其影响之大常令人惊叹。

　　有一年我带孩子参加中央电视台的《音乐快递》节目，第一场比赛有四五十个选手，其中有两个孩子形成了鲜明对比：一个是来自贵阳的刚刚6岁的小姑娘，之前没有专门学过音乐，更没参加过任何比赛，可这个小姑娘的嗓音简直如同天籁，瞬间打动了在场所有评委和嘉宾；同场有个男孩是第二次应战，前一年被淘汰后这个孩子在老家接受了整整1年的训练，孩子的自我提升确实较大，这种持续坚持的毅力也让节目组深受感动，最后勉强争取到入选，但在现场时表现得还是平平。

　　天赋的力量由此可窥见一斑。

　　实际上每个孩子的大脑各个区域发展程度都有所不同，这促使他们形成自己的独特特质。所以父母往往需要从孩子的特质出发为孩子做教育规划，并匹配恰当的教育方式，如此方可达到事半功倍。

　　但也有人会质疑，在了解孩子的天赋后，孩子的优势项要发挥，那对劣势项只能"破罐子破摔"吗？我的回答是，要看孩子的发展期。

一、神奇的大脑

　　教育是有规律可循的，这个规律蕴藏在大脑的发育规律中。

　　人类的大脑是个神奇的器官。脑科学家研究发现，和人体的其他器官由小到大循序生长不同，大脑在由小到大后，还会再由大变小，或称之为由多变少，完美地诠释了优胜劣汰法则。

具体来说，胎儿从42天起就开始"长脑子"，此时他开始拥有自己的第一个神经元。在这之后，新的神经元以令人惊诧的速度突飞猛进地增加，并在胎儿胎龄4个月时达到巅峰[1]。

再过4个月，新的工作开始了，每个神经元都会像树枝一样向外伸展形成轴突，以和旁边的神经元联结起来。一旦联结成功就形成一个突触，突触将一个神经元的冲动传导到另一个神经元上，才能实现信息传递，使人能够灵活地对环境做出反应。每个神经元之间会形成成千上万个突触。

但神奇的是，只有在胚胎和婴儿及儿童时期大脑神经元才会在外界环境的刺激下，不断联结形成突触，一般来说，到孩子三四岁时可以形成大约15 000个突触联结，这使大脑看上去像一个密密麻麻的网。

但随着孩子年龄的增长，大脑会进行突触修饰的过程，即减缓形成新的突触，相反还会将那些没有受过充分刺激的神经元"修剪"掉，以将充足的能量用于留下的神经元，使其连接越来越顺畅，越来越强壮。

等孩子长到十五六岁，那张原来密密麻麻的大脑网络通常有一半已经自然消失，留下的突触正是那些之前被反复刺激进而发展成为最通畅有力的联结。也正是因为大脑神经元突触具有这种用进废退的特点，我们才常常说"脑子越用越灵"。这些被留下的最牢固通畅的突触最终决定了孩子的整体才智。

可见，孩子年龄越小大脑的可塑性越强，而且这一发展过程是不可逆的，除非遭遇重大刺激，通常不可能重新来过。也因此我一直在向父母强调，孩子14岁之前要顺强补弱，14岁之后要扬长避短。

---

1. 《细胞·干细胞》[Cell Stem Cell (22):589–599.] 于2018年发表的一项最新研究发现，人在成年后也会形成新的神经元，但新增联结量远不及损失量，且该研究尚未得到进一步证实。

二、14岁前的核心是顺强补弱

孩子在14岁前教育的核心首先是顺强，让孩子体会到成就感，形成自己的学习方法论。同时要补弱，要让孩子见多而识广，尽可能地刺激其神经元充分发展和互相联结。

具体来说，顺强补弱的意思有以下两个方面。

其一，父母引导孩子在优势智能上发力，孩子更容易感兴趣，也更容易取得成功。

在这个方面，父母和教育工作者在视角上存在重大不同。在前者看来，孩子当下的学习内容最重要，而后者则普遍更注重孩子的学习兴趣、学习习惯以及学习方法。因为孩子的学习生涯长达十几甚至二十年，他现在所学的内容，只是其中非常微小的一部分。如果在刚刚开始的前两年，孩子就因为各种原因对学习这件事情彻底失去兴趣，那接下来的时间就会成为漫长的煎熬。

其二，顺强补弱意味着引导孩子从强项出发，带动弱项。

举例来说，一个孩子的先天学习类型是"听觉型"，本身视觉较弱不爱看书，上小学后语文成为他最弱的学科。

这时建议父母可以这样做：运用孩子听觉强的优势，先从音频的古诗词讲解类内容着手，激发孩子对语文的兴趣，打破他自认为语文差的固有观念。同时抓住听觉型的孩子爱听表扬，也很重视承诺这个特点，以鼓励和提前约定作为沟通前提，督促孩子以更好的状态去进行语文的学习。

再比如，孩子好动让很多父母感到特别头疼，并且很多好动的孩子由于上课听讲不专注常常导致学习成绩不好。其实父母若能巧用孩子的"好动"特征，也能帮孩子快速进入学习状态。因为好动代表运动智能强，这类孩子享受刺激感，喜欢竞争和挑战，父母可以想办法把他"扔"到强手中，对手越强他就越强。

此外，父母遵从顺强补弱原则的关键是必须要对孩子的弱项有客观认知，对孩子的预期要合理。比如音乐天赋不佳的孩子也能练唱歌，将这作为一种音乐素养的陶冶方式。在孩子发育的关键期，孩子的"弱项"完全可以通过充分练习大幅改善。不过父母不应要求孩子在弱项方面出类拔萃，也不要与在这方面更有天赋的孩子比进度。

三、14岁后扬长避短

孩子在14岁之后大脑神经元突触已基本完成优胜劣汰的过程，就连大脑最后开始发展的高级认知功能区域的神经联结也在孩子进入12岁后明显减缓了增长。此时孩子应该把发力重点放在熟练掌握已了解的信息内容上，以进一步加强留存突触的运用程度。

此外还有最关键的一个原因——没时间了！

父母一定要明白，孩子在14岁后所进行的竞争已经是专业度的竞争了。孩子要想在某个专业上最终取得成功，必须要付出额外多的时间，自然无法做到面面俱到。而且此时孩子已经进入青春期，价值观基本形成，有非常明确的独立意识。如果父母不能够尊重孩子的这个变化，还想用孩子小时候那种控制式的管教方式，就会激化亲子矛盾，事与愿违。

天 赋 小 随 堂

教育规律认知

1. 孩子越小，可塑性越强

大脑的发育规律是由小到大，再由大到小。随着孩子年龄的增长，大脑神经元突触将自行清理，被留下的最牢固通畅的突触，最终决定孩子的整体才智。

2. 14岁前要顺强补弱

在孩子的优势智能上发力，并从强项出发，带动弱项。

3. 14岁后重在扬长避短

让孩子把发力重点放在熟练掌握已了解的信息内容上，以进一步加强留存突触的运用程度。

如何助力孩子平稳度过青春期

《论语·为政》中，子曰："吾十有五而志于学"。意思是孔子在15岁的时候立下大志；《大学》则在总纲领中指出，"大学之道，在明明德"，说的也是人一定要成就学问、成就德能，要有远大的志向。

其实青春期教育的核心正是如此，不在于对孩子进行知识的灌输，不在于所谓的修理孩子身上的毛病，而在于引导孩子立志。

这几年因孩子青春期问题找我求助的父母特别多，我的一位男同学甚至用了"求救"这样的字眼儿。当时他14岁的儿子疯狂地迷恋游戏，不但不做作业，甚至常常晚上12点才休息。因为缺乏睡眠，孩子的上课效率低下，成绩下滑得特别严重。而且这个孩子原本便不爱与爸爸妈妈沟通，此时更进入和爸爸妈妈几乎完全不搭话的状态，面对长辈的关心和付出，孩子全然无动于衷，更不提感谢乃至感激。

这位爸爸是一名已经有所成就的企业家，平时把几千名员工管理得井井有条，可他却不得不承认已经管不了孩子，用他自己的话说，"搞一个公司都没有这么费劲"。

难道是孩子的学习能力有问题，或者自律能力太弱？通过和孩子的深入接触和沟通，我发现真正的问题在于孩子找不到学习的方向和意义，甚至他也找不到自己。

一、父母可曾为孩子找到了梦想的点灯人

青春期是人在成长过程中必经的一个特别关卡，这个时期孩子从家庭关系全面转向社会关系，面对新的环境与挑战，也对"长大"有了自己的认识。大多数孩子都会认为"长大"就是不受约束，所以他反抗一切限制，拼命奔向"自由"。

正因此，许多孩子在青春期开始变得不理父母，不沟通，越来越不听话。语言表达能力强的孩子能把父母呛出"内伤"，总爱和父母对着干，或者干脆把父母当成空气。有的孩子开始学抽烟喝酒，以说脏话为乐，甚至夜不归宿，成为"加强版神兽"。这都是孩子理解的"独立和自由"。

而与此同时，孩子的大脑各区域的功能在经过一番重新梳理后逐步固定下来，在认知、理解、反应、记忆等方面都达到巅峰状态，基础的价值观也基本成型，越来越有自己的"主见"。所以在学习上，老师说教、父母强拉硬拽这样的外部力量已经非常有限，反而还可能引发强烈的冲突——此时尽管孩子已经可以听懂足够多的道理，可和他们单纯地讲道理却并无用处。而孩子从小学升入初中也恰好在经历学习生涯最难的一个转折期，在此之后孩子将转为以梦想和榜样驱动的新阶段，内驱力变得尤为重要。

但这一点恰恰被许多父母忽略，有人依然停留在为孩子包办一切的阶段，被拒绝后黯然神伤；有人还习惯于打着"为你好"的大旗，导致孩子不在沉默中爆发，就在隐忍中抑郁；还有的父母眼睁睁看着孩子"变得不认识"了，心急如焚但束手无策。

对父母而言，此时最好的方法是从根源入手。父母可以仔细地观察，和孩子轻松地交流，看看他内心有没有一盏灯，有没有"我想成为什么样的人""我想到哪里去""我想怎么做"一类的内驱力，如果没有，父母一定要根据孩子的特点找到切入点。

比如我刚刚提到这个同学的孩子，之前他一直强烈质疑学英语的作用，不爱学，不肯好好学，成绩也差得一塌糊涂。不管谁劝他，他都振振有词："你看

我也不一定要出国，和我爸妈也不需要说英语。所以为什么要学呢？"

但是在我带他去了一趟美国后，这孩子受到了极大的触动。

在比尔·盖茨基金会，这个孩子被要求为难民写一个小卡片，而且必须用英文写。这时他才真切地体会到，多掌握一门语言就多了一个表达渠道，当自己想表达关心和爱的时候便拥有了表达的机会。最后他非常努力地用英语写下：Don't worry, the life will be better, come on!

当孩子明白了学习的意义后，他开始真正为自己学。两个月后这个孩子又随我去了德国，寒假还参加了澳洲游学。这样的经历就像一下子为他的世界开启了一扇充满吸引力的大门，这个曾经让爸爸妈妈很是头疼的孩子，后来还和爸爸谈起了苹果创始人史蒂夫·乔布斯（Steve Jobs），他说他找到了自己的梦想和目标，一定要好好学习。

看到这里，有的父母又会开始发愁，我们没有条件带孩子去开眼界怎么办？

其实无法走到真实世界，还可以去书中寻找，引导孩子看他所感兴趣的领域的名人传记便是个非常好的方法。此外父母还可以从身边挖掘孩子的榜样，比如孩子的表哥表姐、邻居大哥、学校里年轻的老师……一旦孩子能从这些平时和他接触，让他看得见、感受得到的优秀年轻人那里感受到榜样的力量，就会产生肉眼可见的蜕变。

二、父母做到持续往情感账户"存钱"了吗

孩子的问题常常在青春期集中表现出来，其实却并非始于青春期，大部分青春期严重叛逆的孩子一定是在心中早就对父母有所不满，只不过青春期的生理和心理变化让他开始拥有反抗的力量。孩子在这一时期凸显出来的问题通常都是过去生活方式中隐藏、积累已久的错误，这个错误只要存在就一定捂不住。有些孩子哪怕安然度过了青春期，也会到上大学离开家时，甚至结婚后等重大人生节点时爆发。

我亲眼所见的类似案例比比皆是，比如原本的乖乖女到青春期早恋，

原来的贴心小暖男上大学后变得日益冷酷……这些都是小时候打下的“基础”所致。所以青春期的问题不能等到青春期再解决，如果现在孩子还小，父母一定记住往你们的情感账户中持续地进行爱的存款。这包括尊重孩子的特质，保护他的自尊心和自信心，温暖有质量的陪伴，身体力行地充当榜样等。

如果在孩子到达青春期前，父母和孩子的情感账户中便已储蓄丰厚，到孩子青春期时，往外取一点便也无伤大雅。但如果亲子之间的情感账户中本来没有积蓄，甚至负债，父母到时也就无计可施。

如果孩子已经处于青春期，来不及“存钱”，父母便需要多方看书听课，了解孩子在青春期阶段性发展的状态。与此同时，父母要记住少说话，点到即止，尤其别和孩子硬杠。如果孩子同意，父母可以和他一起进行户外运动，充分的体育锻炼几乎能“包治百病”，比如解决网瘾、早恋等常见的青春期问题。

孩子青春期对父母是大挑战，碰到任何问题一定要先告诉自己：这很正常。只要你能在情绪上接纳孩子的变化，一半问题就已经迎刃而解。因为影响一个人情绪的永远不是事件本身，而是你对这个事件的判断。

天赋小随堂

青春期认知

1. 父母对青春期孩子的教育核心在于引导其立志

进入青春期后，孩子转为以梦想和榜样驱动的新阶段，内驱力变得尤为重要，重在找到学习的意义。

2. 青春期的问题，来自过去隐藏的错误

父母需要从孩子小时候起就往你们的情感账户中去持续地存“钱”，越丰厚越好。

二孩教育，巧用"比较"找优势

当家有二宝，父母最容易犯的错误是总在不经意间对两个孩子进行比较，诸如大宝比二宝更自律，二宝比大宝更勤快等此类。如果赶上两个孩子差异较大，其中一个若是父母眼里的"全能型选手"，另一个则很可能因为这样的对比一辈子都走不出童年阴影。

我有一位同事是个多才多艺且极具奇思妙想的帅小伙，平时看上去十分阳光，很受领导和同事的喜欢，可每逢深聊他总展现出深深的自卑感。详细了解后我才知道，原来他有一个样样都更好的姐姐，姐姐漂亮聪明又懂事，对父母非常体贴，无论走到哪里，都围绕着一片赞誉之声。

弟弟便全然不同，不仅淘气爱惹事，上课还容易走神，成绩中等，长相也一般。而且他从小就不腻着爸妈，对其他人更是高冷。在家里他总爱折腾绿植和小狗，在外面碰撞了别的小朋友也不会轻易道歉，看上去情商似乎特别低。所以他从小就习惯了父母的口头禅："你也不学学你姐姐……"并因此看低自己。

其实无论在上一代还是这一代，这位小伙子的经历都非常有代表性，许多父母都太爱攀比孩子，家里孩子多的便在家里互相比，只有一个孩子的就跟别人家的孩子比，甚至和父母自己小时候比。

父母如此热衷比较，多是为让孩子看到差距，让他能更好地学习别人的优点。但事实上这个初衷真能实现吗？父母对孩子到底该不该比，如果比，该怎么比？

一、千万不能随便比

在简·尼尔森（Jane Nelsen）等三人合著的《正面管教》一书中作者曾特别提道："不要将一个孩子与其兄弟姐妹进行比较，或者与其他任何人比较。这对孩子是不尊重的，并且是令人沮丧的。"

正如世界上没有两片相同的叶子一样，每个孩子都是独立的个体，他们就是自己，不需要像谁，也未必要以谁为模板。长期用自己家孩子的弱项与其他孩子的强项做对比，会严重打击孩子的自信心。父母用小时候的自己和孩子比，则更不具备任何可比性。

有两个孩子的父母更不能随便比，多数父母选择生二宝是希望两个孩子未来能互相陪伴、互相支持，彼此之间拥有积极正向的情感关系。如果父母总在两个孩子之间做比较，反而会让他们的竞争关系加剧，有时甚至会在孩子心中种下质疑、嫉妒乃至仇恨的种子："我到底是不是亲生的？""凭什么姐姐就什么都好，而我做什么都不对？"——这一定不是父母养育二宝的初衷。

所以父母在面对两个孩子时需要引导他们彼此互相欣赏、相互尊重。在处理两个孩子的冲突和矛盾时务必要做到就事论事，尤其不能上升到品格高度，更要杜绝以"你总是……，你看看姐姐/哥哥就……"这样的句式。

二、家有二宝要巧比

正因为每个孩子都具有不同的特质，所以坚持完全不比较的父母会陷入另一个陷阱：用完全相同的教育方式对待原本不同的两个孩子。这容易导致部分孩子在不擅长的方面陷入困境，比如哥哥能自觉学习，但如果父母让弟弟自由安排时间，弟弟就会完不成作业；姐姐强于社交，可以和所有小朋友交好，妹妹也许就特别认生，把她一个人丢在陌生的群体中会让她感到巨大的恐惧与不适。

从这个角度说，家里有两个孩子时父母必须要巧用比较。这里的比较不是为了抹平孩子的独特性，而恰恰是为了找到每个孩子的先天特质，真正了解孩子、理解孩子。在此基础上，父母一方面可以引导孩子顺强补弱，让孩子更全面地发展；另一方面可以引导孩子扬长避短，让孩子形成自己的竞争优势。

"巧比"可以依据决定孩子多元智能的十项能力展开。具体的观察和辨别方法前文已有很多示例，不再赘述，在此主要对父母行为的关键点加以强调，如表4-1所示。

表4-1　孩子多元智能十项能力不同强弱属性下父母行为的关键点

多元智能能力	强	弱
自律意识和能力，即自制、自省	孩子能自觉学习，孩子犯错时父母不要严厉批评	需要父母时刻盯着，不可懈怠
社交能力，即乐观自在和趋避特性	更适合群体性项目，但需要父母严格把控标准	不能随意换学校换老师，父母尽量不要强行要求孩子当众表演
语言表达能力，即逻辑思维和语言模仿	可发挥优势学习演讲、主持等，但父母要注意培养孩子学会耐心倾听	父母需要更多的耐心，自己少说，引导孩子多说
想象和创造能力，即想象力和空间统合	父母应避免嘲笑孩子的想法，不禁锢孩子	父母可以多教套路，同时通过让孩子学习绘画或和更有想象力的孩子相处、学习的方式，引导孩子加强想象力的培养
体能，即肌肉耐力和肢体操控	父母应让孩子尽情释放能量，先运动后学习	父母需加以重视，让孩子至少保持一项运动项目能长期坚持
肢体灵活能力，即体知觉力和肢体语言	父母可发挥其优势让孩子通过亲身感受的方式汲取信息	父母应避免抱怨孩子"高冷"，可以让孩子多做家务，参加公益活动，为大家服务，培养感恩心
语言感知能力，即语言听力和听觉记忆	父母别太唠叨，也可多鼓励孩子听音频学知识	父母说话要适当放慢语速，辅导作业时需注意调动孩子的兴趣，让孩子聚焦听觉注意力
音乐能力，即辨音听力和关联记忆	父母可鼓励其学习声乐或乐器，避免浪费天赋才能	父母需注意不要强行逼迫孩子学习小提琴等弦乐，如果想提高孩子的音乐素养，可以从钢琴等键盘乐器入手

续表

多元智能能力	强	弱
视觉细节抓取能力，即视觉辨识和图像记忆	父母要注意为其塑造整洁的学习环境，多鼓励孩子自学	父母要从小处着手，不要忽视"马虎"的问题
视觉概览能力，即美感体认和快速阅读	父母要塑造家庭阅读氛围，舍得给孩子多买书，让孩子定时看书，同时引导孩子形成精读能力	父母需多带孩子出行，游览祖国山河，学会观察自然中的美

除以上十项能力外，孩子的先天特质模式对其影响也较大，比如其中最能形成对比性的"认知型"和"社会模仿型"：面对"认知型"孩子时父母不要强行说服，因为这基本无法做到，应注意多激发他的内心驱动力，沟通时务必做到逻辑鲜明，叙述完整；面对"社会模仿型"孩子时父母则要更多关注甚至干预，多和孩子交流，随时把控其学习环境和同伴群体的情况，力求让孩子近朱者赤。

家有二宝，并非不能比，而是要会比。比较的前提是父母科学地认识孩子并全然接纳其优点和缺点，比较的目的永远是为了进一步发挥孩子的潜能，让不同的孩子意识到并认可自己的优秀。

天 赋 小 随 堂

二孩比较教育法认知

1. 家有两个孩子，父母千万不能随便比

每个孩子都是独立的个体，盲目比较不但会打击孩子的自信心，还会破坏两个孩子之间正向的情感关系。

2. 父母不要用相同的教育方式对待不同的孩子

家里有两个孩子时父母要巧用比较，这不是为了抹平孩子的独特性，而是为了找到每个孩子的先天特质，真正了解孩子、理解孩子，以实现因材施教。

后 记

在我践行天赋教育理念的过程中，一大群专业水平过硬且拥有极佳儿童教育观的好老师和我聚集在一起，共同为每个孩子量身定制教育规划解决方案，在科学识才的基础上因材施教，同时也为本书提供了丰富多彩的案例。

在此特别鸣谢：田媛老师、王魏莉老师、李维婧老师、任君老师、刘仲老师等，是你们对孩子的挚爱一直激励着我！同时要感谢胡慧雯老师高效率地协助工作，使素材整理的进度大大加快。更要感谢我的先生支持我、理解我，让我全身心投入教育事业。

特别感谢焦晶老师，在视野的宽度与文字的深度上为本书的升华起到重要作用！

最要感谢的还有每位可亲可敬的家长朋友，感谢你们对天赋教育理念的高度认同，更敬佩你们能在自省中积极调整教育行为，持续实践我给出的教育建议，和我们一起共同发现孩子的天赋优势，帮助孩子成为最好的自己。

参考文献

[1] 赫伯特·斯宾塞. 斯宾塞的快乐教育[M]. 颜真，译. 福州：海峡文艺出版社，2010.

[2] Chip Heath, Dan Heath. Made to Stick[M]. New York: RandomHouse，Inc. 2010.

[3] 汤姆·拉斯. 盖洛普优势识别器[M]. 北京：中国青年出版社，2012.

[4] 肯·罗宾逊，卢·阿罗尼卡. 让天赋自由[M]. 李慧中，译. 杭州：浙江人民出版社，2017.

反侵权盗版声明

　　电子工业出版社依法对本作品享有专有出版权。任何未经权利人书面许可，复制、销售或通过信息网络传播本作品的行为；歪曲、篡改、剽窃本作品的行为，均违反《中华人民共和国著作权法》，其行为人应承担相应的民事责任和行政责任，构成犯罪的，将被依法追究刑事责任。

　　为了维护市场秩序，保护权利人的合法权益，我社将依法查处和打击侵权盗版的单位和个人。欢迎社会各界人士积极举报侵权盗版行为，本社将奖励举报有功人员，并保证举报人的信息不被泄露。

举报电话：（010）88254396；（010）88258888

传　　真：（010）88254397

E-mail：　　dbqq@phei.com.cn

通信地址：北京市万寿路 173 信箱

　　　　　　电子工业出版社总编办公室

邮　　编：100036